지역사회와
민주주의를
말하다

일러두기

*이 책의 내용은 〈이천설봉신문〉, 〈광주뉴스〉, 월간 〈동화읽는 마을〉, 〈동원
학보〉 등에 실린 칼럼이나 기고문으로 이루어짐.

*〈이천설봉신문〉을 제외한 매체에 실린 글의 경우 앞부분에 매체명과 일자를
명기함.

*〈이천설봉신문〉에 게재한 글의 경우, 제목 등을 수정한 글은 앞부분에 매체
명과 일자, 원래 제목 등을 명기함. 제목이나 내용이 달라지지 않은 경우 글
의 뒷부분에 게재 일자만 명기함.

지역사회와
민주주의를
말하다

부길만 지음

산지니

　이 책은 지역사회와 민주주의를 중심으로 쓴 칼럼들을 모은 것이다. 2002년부터 금년까지 주로 지역 신문에 게재한 것으로 시대 상황에 대응하여 내놓은 사회적 발언이라 할 수 있다. 일부 발언들은 10여 년 전에 내놓은 것이지만, 오늘의 시점에서 살펴도 여전히 유효한 주장으로 여겨진다. 이것은 우리 사회의 질적 발전이 그만큼 더디게 진행되고 있음을 반증한다.

　한국의 민주주의는 정체가 아니라 오히려 후퇴하고 있음을 곳곳에서 느끼게 된다. 지역의 균형 발전 역시 구호에 그칠 뿐, 사회 각 부문의 중앙집중화 현상은 경제의 양극화와 맞물리며 심화되고 있다. 또한, 우리의 교육은 구시대의 패러다임을 벗어나지 못하고 있으며, 언론의 비판과 대응 역시 바람직한 모습을 보이지 못하고 있다. 이 책은 이러한 문제들에 대한 진단과 나름의 대책을 제시하고자 했다.

경제와 권력의 집중이 빚어내는 각종 부조리와 병폐들을 몰아낼 수 있는 근본적인 처방은 분명히 있다. 중앙이 아니라 지역사회와 지역문화를 크게 살리는 일이다. 지역을 변화시키고 지방 분권을 실질적으로 강화함으로써 다원화된 사회체제 속에서 경제정의를 이루며 미래지향적 교육 시스템을 구축할 수 있을 것이다. 이것이 민족의 문화적 자부심을 높이고 민주주의를 발전시키는 길이라고 확신한다.

요컨대, 지역사회와 지역문화의 발전을 통하여 민주주의 정신이 우리 사회 구석구석으로 퍼져나가고 시민들의 일상 속에 뿌리내리게 해야 할 것이다.

2016년 12월
부길만

차례

1

지역 언론의 과제

열린 문화공간과
언론*

지역공동체 발전을 위한 언론의 역할은 오늘날 한국
사회에서 매우 중요하다. 아직도 우리 사회는 지방
자치제도가 올바로 정착되지 못하여, 지역 이기주의
에 빠지고 단체장이나 의회 의원들이 지역사회에 대
한 봉사보다는 자신들의 세비 인상이나 외유성 관광
따위에 훨씬 더 많은 관심을 기울이고 있다. 이러한
상황에서 지역사회 언론의 역할은 더욱더 중시되어
야 할 것이다.

　민주주의가 발전할수록 지방자치단체의 권한과

---

* 2008년 7월 10일 〈이천설봉신문〉에 '지역공동체의 발전과 언론의 역할'
　이라는 제목으로 게재한 칼럼을 수정 · 보완한 것임.

책임은 커져갈 것이다. 그러나 지방 행정이나 의회를 담당할 선출직 공무원들이 지금과 같은 수준에 계속 머물게 된다면, 지역사회의 발전은 요원한 일이 될 것이다. 현재의 풍토에서 그들이 갑자기 달라지기를 기대할 수 없을뿐더러, 양심적인 일꾼들이 선거를 통하여 대거 뽑히기도 어려운 실정이다. 이에 대한 해결책은 선출직 공무원들을 항시 감독하는 체제를 만들어내는 일이다. 여기에서 언론의 감시 및 평가 기능은 중요한 과제로 등장한다. 평가 기능은 한 지역 내의 순위뿐만 아니라 타 지역 선출직과 비교함으로써 지역사회 봉사를 위한 선의의 경쟁을 불러일으켜야 할 것이다.

일찍이 미래학자 앨빈 토플러는 현대사회는 거대한 문명의 전환기에 처해 있어, 규격화에서 다양화, 분업화에서 통합화, 집중화에서 분산화, 중앙집권화에서 지방분권화라는 새로운 질서를 향해 나아갈 것이라고 예견한 바 있다. 이런 추세 속에서 한국도 지방자치제가 시행되고 중앙집권적 권위주의 체제가 일부 해체되기는 하였지만, 아직도 갈 길이

먼 실정이다. 특히, 사회경제와 문화 부문에서 지역 불균형은 양극화 현상과 맞물리며 오히려 심화되고 있다. 이런 상황에서 지역 주민의 복지와 문화 향유 문제가 새로운 사회적 이슈로 진지하게 제기되어야 할 것이다. 여기에서 지역 언론의 막중한 역할을 새삼 절감하게 된다.

언론학자 베리건은 "지역 언론은 지역사회를 위한 언론이 아니라 지역사회 자신의 표현매체"라고 주장했다. 다시 말하면 "정보 입수, 오락, 학습 등을 위한 통로가 지역사회 구성원들에게 항시 보장되어 있는 미디어로서, 지역사회 스스로가 기획자, 제작자, 출연자로 참가할 수 있는 미디어"라고 파악한 것이다. 이처럼 활짝 열린 문화 공간으로서의 지역 언론이야말로 지역문화를 살리고 생활 속 민주주의를 구현할 수 있는 디딤돌이 되어줄 것이다.

언론은 사회적 약자를 위한 소통의 매개체

이러한 인식을 바탕으로 지역사회 언론의 역할을 몇 가지 생각해보고자 한다.

첫째, 언론은 사회적 약자를 위한 소통의 매개체가 되어야 한다.

최근 이명박정부는 국민과의 소통에 실패했음을 실토하였다. 그리고 국민을 섬기는 정부가 되겠다고 다시 천명하였다. 그러나 사람들은 그 뜻을 실감하지 못하고 있다.

국민이란 누구인가. 민족 구성원 전체를 말하는 것 같은데, 전체 국민을 섬긴다 함은 추상적 관념적 선언에 불과하다. 구체적으로 어느 국민인지가 중요하다. 어느 방향으로 가서 국민을 섬겨야 하는가를 성찰해야 한다. 그 방향은 재주 좋고 재산이 많은 부자들이 아니라 가난한 서민들 쪽이다. 지위가 높은 엘리트가 아니라 사회적 약자들이다. 기독교적으로 설명하면, 들에 있는 아흔아홉 마리의 양을 놔두고 잃어버린 한 마리의 양을 찾아나서야 함을 의미한다.

언론이 바라보아야 할 방향도 사회적 약자 쪽이고 그들을 위한 소통의 매개체가 되어야 할 것이다. 이명박정부가 국민과의 소통에 실패하고 있는 데에는 사회적 약자에 대한 배려가 부족한 기존 언론에도 책임이 있다고 생각한다.

둘째, 삶의 현장에서 생활 밀착형 언론이 되어야한다.

민주주의는 거창한 이념이나 '국가 정체성' 등을 문제 삼는 자세로는 이루어지지 않는다. 지금은 선거 공약도 거대 담론이나 관념론적 구호가 아니라 생활 밀착형 주장으로 바뀌었다. 지난 한국 대선에서도 '경제 살리기'라는 구호 앞에서 모든 이슈가 맥을 쓰지 못하였다. 촛불집회의 직접적인 요인도 안전한 먹을거리에 대한 국민적 요구인 것이다. 그 요구를 자유롭게 표현하는 것이 바로 민주주의이다. 촛불집회에서는 "모든 권력은 국민으로부터 나온다."는 헌법 전문이 노래로 불리고 있다. 이때의 '국민'은 정치나 언론에서 별로 관심을 기울이지 않는 보통 사람들일 것이다. 그러나 이들의 생활 밀착형 주장들이 국내에서 거대한 파급 효과를 일으키고 있으며 외국 언론에서도 중요한 이슈로 등장하고 있다.

언론은 지역문화 발전의 구심체

셋째, 언론은 지역문화 발전의 구심체가 되어야 한다.

지금은 문화의 세기요, 국제화의 시대이다. 오늘날 문화는 매스미디어를 통하여 지구촌 곳곳을 순식간에 누비고 다닌다. 최근 한류가 아시아 각국에 널리 퍼져 나가고 있다. "가장 한국적인 것이 가장 세계적인 것"이라는 명제가 실감나는 시대가 되었다. 그러나 가장 한국적인 것은 어디에 있는가. 바로 우리 지역사회의 곳곳에 깃들어 있지 않은가. 말하자면 지역화가 세계화인 것이다. 또한, 각 지역에서 우리 문화를 소중히 여기고 즐길 줄 아는 습관을 학교와 가정에서 어릴 적부터 심어주어야 한다. 물론 언론도 이러한 역할에 적극적으로 참여해야 할 것이다. 아울러 지역의 특성을 최대한 살려내며 문화의 국제 교류에도 더욱 힘을 쏟았으면 한다.

지역 언론이
나아갈 방향*

지난 달 경기도 광주의 지역 신문 〈광주뉴스〉의 창
간을 계기로 새삼 신문의 의미를 새겨보게 된다.

"신문은 역사의 초고이다."

〈워싱턴 포스트〉의 발행인이었던 필립 그레이엄
의 말이다. 신문은 인쇄매체로서 기록성을 지니고 있
기 때문에 시간과 함께 사라지는 보도에 그치지 않
고 보존됨으로써 역사의 기초자료를 형성한다. 그동
안 광주에는 시민들이 주도하는 신문이 없었기 때문
에, 지역이 주체가 된 종합적인 역사 자료가 나올 수

---

* 2010년 12월 3일 〈광주뉴스〉에 같은 제목으로 게재한 칼럼을 일부 수
정한 것임.

16

없었고, 지역의 주요 현안도 중앙지나 여타 매체에 의존할 수밖에 없는 실정이었다. 이제 〈광주뉴스〉의 발간을 기점으로 지역사회의 역사를 새롭게 정립해 나갈 수 있게 되었다.

독일의 사상가인 쇼펜하우어는 신문을 '세계사의 초침'에 비유했다. 초침이 시계의 숫자판 위에 언제나 동일한 규칙에 따라 잠깐씩 머물고 움직이기를 반복하는 것처럼, 신문도 정기적으로 발행되면서 세계 역사를 껴안고 간다는 의미일 것이다. 따라서 우리가 신문을 보는 행위도 단순히 뉴스와 정보를 접하는 데 그치는 것이 아니라, 우리의 역사를 읽는 일이요, 그 역사에 참여하는 행위가 될 것이다. 이제 〈광주뉴스〉는 광주의 역사를 껴안고, 시민사회를 일깨우는 '초침'이 되어야 할 것이다.

시민들은 지역 신문을 통하여 매주 우리들 자신의 뉴스, 말하자면 지역사회의 중요한 현안과 해결책들을 볼 수 있게 된다. 이러한 지역 언론이 나아갈 방향을 제시하고자 한다.

첫째, 지방자치 행정에 대한 감시·감독을 강화하

1. 지역 언론의 과제

고 시민 중심의 지역 정책 개발에 앞장서야 한다.

시민의 입장에서 행정과 의회 모두를 세밀하게 감시할 수 있어야 한다. 아울러 지역 주민을 위한 정책을 개발하고, 지역의 중지를 모으는 일에 힘써야 한다. 또한, 지역 주민의 입장에서 중앙 정부를 비판하고 건설적 대안을 내놓아야 한다. 정부는 서민을 중시하고 복지를 강화한다고 입으로는 외치지만, 국민들이 실감할 수 있는 정책을 개발, 시행하는 데는 게으른 실정이다. 중앙 정부가 내세우는 정책들이 과연 우리 지역의 국민들에게 어느 정도 피부에 와 닿고 있는지, 지역 언론은 효과적으로 여론을 수렴하여 정책에 반영하게 해야 할 것이다.

둘째, 주민들의 삶의 질 향상을 위하여 노력해야 한다.

지역 언론은 지역 주민들의 삶에 깊숙이 다가가 건강, 교육, 생활정보, 경제활동, 복지 등의 문제에 세심한 관심을 기울여야 한다. 특히 장애우, 극빈자, 독거노인, 소년소녀가장 등 불우 이웃을 위한 복지 정책이 활성화되도록 방안을 제시할 수 있어야 한다.

또한 지역의 특성과 연결된 문제로서 다문화 가정에 대한 복지정책에 관심을 기울여야 한다.

셋째, 지역문화가 활성화될 수 있도록 해야 한다.

경기도 광주 지역에는 훌륭한 작가와 예술가 및 문화산업 관련 전문가들이 많이 거주하고 있지만, 광주 자체의 지역문화는 매우 열악한 수준이다. 광주는 도시화의 역사가 길지 않은 까닭에 문화 인프라가 제대로 구축되어 있지 않고 지역의 문화·예술 프로그램도 빈약한 실정이다. 이 때문에 지역 신문의 창간이 늦어지기도 했을 것이다. 〈광주뉴스〉야말로 낙후된 지역문화를 끌어올리는 데 앞장서야 할 것이다. 언론사 자체에서 교육·문화 프로그램을 운영할 뿐만 아니라, 지역 내의 전문가와 일반 시민들이 다양한 분야에서 문화 활동을 신나게 전개할 수 있도록 격려하고 성원해주어야 할 것이다.

언론은
정론지 역할 다해야

최근 한두 달 일간지의 기사는 지면마다 학력 허위 기재, 부동산 투기, 탈세, 병역 비리 그리고 이를 둘러싼 정치공방의 연속이다. 더욱이 그 주인공들이 다름 아닌 국정을 책임져야 할 총리나 대통령 후보라는 데 국민들 가슴은 더욱 답답할 따름이다. 그나마 일말의 위안은 그래도 윤리적으로 흠이 있거나 비애국적인 사람은 앞으로 공직에 진출하지 못하게 해야 한다는 여론이 제도권에서도 받아들여지고 있다는 사실이다.

그러나 정치권은 이러한 여론의 압력까지도 정략적으로 이용하려 하고 있고, 언론들 역시 이에 대하여 따끔한 비판이나 충고를 제시하는 정론지적 성격

보다는 이것들을 흥밋거리 뉴스로 보여주는 상업지적 모습을 드러냄으로써 국민들의 정치적 무관심과 냉소를 더욱 자아내고 있다. 정치공방을 벌이는 그들의 행태가 무엇이 그리 중요하다고 거의 모든 신문이 1면을 비롯한 많은 지면을 할애하여 그들의 주장을 대서특필하고 있는지 한심할 노릇이다. 이에 비하여 지역 신문은 지역의 민생과 관련된 현안들이 그득 실려 있어 일간지의 식상한 느낌을 다소나마 위로해준다.

물론 신문은 취지가 아무리 좋아도 드러낼 기사가 부족하면 어떻게 할 도리가 없을 것이다. 즉, 시민들의 적극적인 활동이 미약하면 신문의 내용도 당연히 빈약해질 것이다. 따라서 필자는 지역사회 활동으로 다음 네 가지를 제안한다.

첫째, 지역 NGO의 활성화이다. NGO, 곧 비정부기관 또는 민간시민단체의 활성화는 썩은 정치를 바꾸는 지름길이 되고 있다. 이번에 국무총리 내정자의 도덕성과 국정운영 능력을 검증하고 여론을 선도하는 데에도 큰 역할을 한 것이 참여연대, 경제정의실

1. 지역 언론의 과제

천시민연합 등의 NGO였다. 사실상 국회의원은 자신이 속한 정당의 이익을 벗어나기 어렵고 정치적 타협에 언제나 약해질 수밖에 없지만, 시민단체는 그런 문제에 초연할 수 있다. 만일, 시민단체의 어느 개인이 편파적인 주장을 하거나 정치적·경제적 이권에 개입하게 되면 그 순간부터 그는 시민단체 참여자로서의 자격을 상실하게 되는 것이다.

마침 이천·여주 경제정의실천연합이 창립총회를 갖는다고 한다. 정말로 반가운 소식이 아닐 수 없다. 그들이 밝히는 대로 '부정부패가 없는 공정하고 밝은 사회'를 만들어내는 데 크게 기여하기를 기대한다.

NGO라 하면 경실련과 같은 사회감시자로서의 활동이 첫째로 부각되고 있지만 그 외에도 다양한 활동을 하는 여러 종류의 NGO들이 생겨나고 활성화되어야 할 것이다.

둘째, 지역의 소비자운동을 들 수 있을 것이다. 이는 소비자를 보호하는 생활운동일 뿐만 아니라 지역 경제 활성화에 기여하는 경제운동이기도 하다.

셋째, 지역 내의 장애인이나 불우한 이웃들을 돕는 운동이다. 이런 활동은 남몰래 하는 선행으로서도 의의가 크겠지만 단체에서 조직적으로 벌임으로써 사회의 분위기를 바꾸는 것도 중요하다고 생각한다.

넷째, 지역문화운동이다. 최근 문화운동 관련 단체들도 많이 늘어나고 있는 추세여서 그 단체와 연대하는 방법도 있고 자체적으로 결성하여 지역의 특성을 살려 활동하는 방안도 있을 것이다.

이러한 운동에 언론도 깊은 관심을 갖고 지속적으로 시민들에게 알려주게 된다면 지역 발전에 크게 이바지 할 수 있을 것이고 우선 당장 신문을 받아보는 사람들의 기분도 한결 좋아질 것이다.(2002. 9. 9.)

지역 정책의
핵심과 언론[*]

최근 국회의원들의 보좌관 채용 비리가 언론의 도마에 올랐다. 보좌관을 공무원으로 9명이나 채용하게 하는 것 자체도 그동안의 의정활동에 비하면 커다란 낭비라고 할 수밖에 없는데, 그것도 친인척으로 채워 왔다니……. 세금을 내고 있는 국민 입장에서 보면 기가 막힐 노릇이다.

국회의원 보좌관은 의원의 입법 활동과 국정 감사를 효과적으로 할 수 있도록 보좌하기 위해서 존재한다. 현대 국가와 사회는 매우 복잡하게 얽혀 있기

* 2016년 7월 14일 〈이천설봉신문〉에 '지역 언론의 역할을 다시 생각한다'
라는 제목으로 게재한 칼럼임.

때문에, 효과적인 입법 활동과 국정 감사를 하려면 투철한 사명감만으로는 부족하고 전문적인 식견을 갖추어야 한다. 따라서, 국회의원 자신이 역량을 갖추고 노력해야겠지만, 이와 함께 그를 받쳐줄 전문가들이 포진하고 있어야 할 것이다. 의원들은 각각 외교통상, 국방, 안전, 교육과학, 문화관광, 농림수산, 보건복지, 환경, 정보, 여성가족 등 자신이 속한 상임위원회에 따라서 관련 전문가들을 보좌진으로 구성하고 있어야 한다. 4급, 5급 등 고급 공무원을 보좌관으로 채용할 수 있도록 제도가 받쳐주고 있으니, 얼마든지 가능한 일이다.

현재 국회의원 보좌진들이 여론의 몰매를 맞으며 각 당에서 슬그머니 사라지고 있다고 한다. 필자는 이 문제와 곁들여 지역 언론에 한 가지 제안을 하고자 한다. 지역 언론에서 국회의원들이 보좌진을 업무에 적합한 인재들로 구성하고 있는지 점검하고, 가장 모범적인 의원들을 찾아내어 널리 알리자는 것이다. 부적합한 보좌관을 채용했다고 해서 법적으로 징계할 수도 없는 노릇이니, 가장 적

1. 지역 언론의 과제

합한 보좌진을 둔 의원들을 찾아내서 홍보하고 그들의 향후 의정 활동을 격려하고 힘을 실어주자는 것이다.

전문 역량을 갖춘 인재들을 모범적으로 채용한 국회의원을 선정 홍보하는 일은 새로운 국회에 대한 국민적 기대를 높이고, 그렇게 하지 못한 국회의원들에게 경종을 울리는 일이 될 것이다. 그 선정은 전국 단위로 하기보다는 작은 지역 단위별로 할 필요가 있다. 예를 들면, 경기도의 경우 경기 북부, 남부 등으로 구분할 수 있고, 서울이나 대도시는 5개 또는 2, 3개 권역별로 나누어 실시하면 효과적일 것이다.

모범 의원 선정의 담당자는 해당 국회의원을 뽑아준 지역사회의 시민단체나 지역 언론이 담당해야 할 것이다. 각 지역 언론에서는 해당 지역의 국회의원 보좌진의 경력, 전문 능력, 역할 등을 신문 지면과 홈페이지에 공개해야 한다. 특히, 5급 이상의 보좌진에 대해서는 상세한 인물 정보를 제공해야 한다. 이것은 지역 언론의 임무이기도 하지만, 새롭게 뽑아준 유권자에 대한 의원의 도리이기도 하다. 이렇게 하여 각 지역 신문에 공개된 보좌진에 대한 정보를 토대로 각 권역별로 종합하여 가장 유능한 보좌진을 구성한 모범적인 국회의원들을 선정 홍보하자는 것이다.

물론, 국회의원의 임무는 지역 문제가 아니라 국정 전반에 대한 정책을 논의하고 결정하는 일이다. 그러나, 지역의 언론과 시민사회가 국회의원과 보좌진을 가장 잘 알 수 있는 위치에 있기 때문에, 위의 제안을 한 것이다.

이 외에도 지역 언론의 적극적 역할이 요구되는 영역을 좀 더 살펴보기로 하자.

지역사회의 문제는 지자체와 지역 의회에서 담당하게 된다. 따라서 지역 언론의 과제 역시 이들에 대한 감시자 역할을 맡아야 할 것이다. 아울러, 비판을 넘어서서 지역 언론의 보다 적극적인 역할을 제시하고자 한다.

지역 언론은 지역 정책의 핵심에 들어가야 한다. 그 핵심은 우선 각 지역의 시의회(대도시의 경우 구의회)에 존재한다. 지역 언론은 시의회 의원들이 지자체의 활동과 예산 집행을 철저히 감시하고, 지역사회 발전을 위하여 합리적인 예산을 세우고 효과적인 조례와 규정을 만들어낼 수 있도록 해야 한다. 이러한 활동에서 가장 모범적인 시의회 의원들을 찾아내어 홍보하고 격려하는 역할을 지역 언론이 맡아야 할 것이다. 이렇게 하여 시의회가 발전할 때 지역 행정도 투명해지고 효율적이 될 것이며 지역사회도 발전하게 될 것이다.

또한, 지역 언론은 보다 예민한 안테나를 가동하여 우리 지역 내에 소외된 사람들을 찾아가야 한다. 우리 사회에는 아직도 소외 계층이 너무 많다. 지역 언론은 항상 이들의 문제에 세심한 관심을 기울이며 그 문제 해결을 지역 정책의 최우선 과제가 되도록 이끌어야 한다.

지역사회 발전이란 결국 우리 지역이 먼저 문화선진국의 모습을 갖추는 일이다. 문화선진국이란 사회적 약자도 당당하게 살아갈 수 있는 사회, 일반 시민들의 삶의 질을 향상시키는 일에 정부가 적극적으로 나서는 사회를 말한다. 지역 언론이야말로 바로 이러한 사회를 건설하는 일에 앞장서야 할 것이다.

2

지역사회와 지역문화

지역의
축제문화[*]

필자는 지난 7월 18일부터 3주간 대학의 어학 연수
팀을 인솔하고 일본 벳부대학을 다녀왔다. 벳부대학
에서의 연수 일정은 오전에 일본어 수업, 오후에 일
본문화 체험과 관광 프로그램으로 짜여 있다. 문화
체험은 다도와 서예, 일본 전통 복장인 유카타 체험,
일본 요리 실습, 일본 전통 무용 감상 및 연습, 전통
마을과 민예촌 답사, 마쓰리 축제 참가 등 매우 알차
게 진행되었다.

　이 중에서도 마쓰리 축제는 참으로 인상적이었다.

---

[*] 2006년 9월 7일 〈이천설봉신문〉에 '지역의 축제문화를 살리자'라는 제
　목으로 실린 칼럼.

마쓰리는 신사나 절을 중심으로 이루어지던 전통적인 축제로서, 주로 마을의 번영이나 풍작을 비는 의식에서 유래되었다고 한다. 그 후 각 지방의 특색에 따라, 겨울의 눈 축제, 인형 축제, 꽃 축제, 배들이 강을 건너는 수상 축제, 온천 축제 등 다양한 이벤트로 발전되어, 오늘날 전국적으로 보면 1년 내내 스케줄이 잡혀 있다.

필자는 벳부시에서 주최한 벳부 마쓰리를 구경하였다. 벳부 마쓰리는 7월 28일부터 3일간 열렸는데, 이틀은 벳부역 앞 기다란 거리의 차도를 막아, 각양각색의 진기한 물품과 먹을거리를 파는 왁자지껄한 시장을 만들어놓아 수많은 시민들이 발 디딜 틈 없이 북적거렸다.

본격적인 마쓰리 행사는 7월 30일에 열렸다. 이날 저녁, 벳부시의 각 단체와 기관에서 참여한 백여 곳의 행진대들이 형형색색의 화려한 일본 전통 복장을 갖춰 입고, 십 리도 넘는 벳부만 해변가를 무려 2시간 동안 춤을 추며 행진하였는데, 그 모습이 가히 장관이었다. 해변가 주변은 구경 나온 시민들로 꽉 차서, 벳부 시민이 모두 모여 있는 것 같았다.

여기에서 필자는 집단으로서의 일본, 일본인의 집단적 힘을 느낄 수 있었다. 이 집단적 힘이 무서운 일본을 만들어오고 있는 것이 아닌가 하는 생각이 들었다. 개인으로는 한없이 온순하고 친절하지만, 집단으로는 강하고 공격적인 일본, 때로는 폭력적인 일본을 이해할 것 같았다.

역사적으로 그들의 이와 같은 집단적 힘은 세계를 상대로 무모한 침략 전쟁을 일으켰고, 패전 후에도 경제 대국으로 다시 일어서게 한 것이 아닌가. 연수 기간 중에 일본 역사를 읽어 보니, 1894년 청일전쟁 당시 일본은 모든 젊은이를 군대에 동원하였고, 전 국민은 헌금으로 전쟁에 참여하였으며, 심지어 어린이들의 병정놀이가 이때부터 시작되었다고 나와 있다. 말하자면 국민 전체가 집단적으로 전쟁에 참가한 셈이다. 이 전쟁은 사실상 1945년 일본의 패전 때까지 이어졌다.

일본인의 집단적 힘은 오늘도 이어지고 있다. 마

쓰리가 상징하는 집단의 힘은 잘못 사용하면 폭력과 전쟁의 나락으로 떨어지지만, 제대로 활용하면, 번영을 이끌어내는 강력한 원동력이 된다.

그렇다면 한국의 힘, 한국의 축제는 무엇인가. 우리도 전통적으로 많은 축제 문화가 있지만, 아깝게도 현대에 들어와 대부분 사라지고 말았다. 2002년 월드컵 개최를 계기로 하여 '붉은악마' 응원단이 새롭게 등장한 것은 상당히 고무적인 일로서 우리의 신바람 전통을 살려낸 것이라고 생각한다. 그러나 응원은 축구라고 하는 특정 경기, 그것도 외국과의 시합에서 힘을 발휘할 뿐, 경기가 없거나 끝나면 자동적으로 사라진다. 응원축제 문화의 결정적 한계이다.

진정한 축제란 과거 전통의 재현이고, 현재 주민들의 단결과 자부심의 표현이며, 미래의 번영에 대한 확신이어야 한다. 이제 우리 내부의 전통과 연계된 축제문화를 살려내야 할 것이다. 특히, 각각의 지방자치단체 차원에서 각 지역의 자부심을 최대한 드러낼 수 있는 축제문화를 발전시켜야 한다. 단순한

2. 지역사회와 지역문화

관람이 아니라 주민들 전체가 주도적으로 참여할
수 있는 축제문화를 개발해야 할 것이다.

지역서점을
살리자

필자는 지난 11월 20일 지역서점 육성포럼에 사회자로 참여하였다. 지역서점 육성포럼은 위기에 처한 지역서점을 살리기 위한 방안을 찾고자 한국출판문화산업진흥원(이하 출판진흥원) 주최로 열리는 토론회인데, 작년 12월을 시작으로 금년 2월과 6월에 이어 네 번째로 열린 것이다. 11월 포럼의 주제는 '문화공간으로서의 서점 활성화 방안 모색'이었다.

이번 포럼에서는 전국 각 지역의 서점 조합 대표들이 모였는데, 독서교육 전문가의 특강 및 지역문화 활동을 벌인 서점의 사례 발표 등의 순서가 있었다. 이 자리에서 동네의 자그마한 서점을 지역의 친절한 문화공간으로 만들어낸 사례들이 발표되었다. 이 과정에서 서점이 지역 주민들의 문화와 교육 활성화의 중요한 터전으로 자리 잡게 되었다. 아울러 서점이 지역 인적 네트워크의 중심 역할을 하게 되어 서점인으로서 보람을 느끼게 되었다는 경험담도 나왔다.

동네서점은 지역 독서문화의 실핏줄이기 때문에, 전국 곳곳에서 살아 움직여야 하건만, 그 수가 점차 줄어들고 있다. 1994년 전국에 5,700여 개였던 동네서점은 2013년 현재 1,700여 개로 줄었다. 서점이 전혀 없는 지역도 생겼고, 심지어 유명 작가의 고향에도 서점이 사라졌다고 탄식하는 목소리가 언론에 나오기도 했다. 상황이 이렇게 된 데에는 대형서점과 인터넷서점의 등장, 독서인구의 감소 등 여러 요인이 있을 것이다. 그러나 동네서점이 사라지면서 중요한 지역문화 공간이 사라지고 있다는 문제가 발생한다. 그래서 최근 출판진흥원에서도 동네서점을 지원하는 프로그램을 시행하고 있다. 올해 6월에도 '지역서점 문화활동 운영 지원' 서점 15곳을 선정·발표한 바 있다. 이 사업에 선정된 15개 서점은 '저자와의 대화', '독서토론회' 등을 위한 문화활동 지원비를 받아

사업을 진행 중이다.

아울러 한국서점조합연합회에서는 서점살리기 운동의 일환으로 독후감 현상공모 사업을 했다. 이 사업은 우리와 유사한 상황에 처한 일본에서 지역서점의 어려움을 극복하는 방안을 현장에서 모색한 단행본 『서점은 죽지 않는다』(이시바시 다케후미 지음, 백원근 옮김, 시대의창 발행)의 독후감을 서점인과 일반인을 대상으로 공모한 것이다. 6월 19일 서울국제도서전 개막일에 맞추어 코엑스 도서전시장에서 독후감 공모 입상자에 대한 시상식을 가졌다. 독자들에게 서점의 중요성을 환기시키는 의미 있는 사업이었다고 생각된다. 또한, 금년에 서점 사업은 중소기업 적합 업종으로 선정되어 국가의 정책적 지원을 받을 수 있는 제도적 장치가 마련되었다. 그 외에 경기도 파주의 출판도시에서는 서점 거리 조성을 하고 있고, 북카페 등과 연계한 서점 만들기 운동도 모색되고 있다.

이처럼 다양한 서점 살리기 운동이 줄기차게 이어진다면, 서점 불황의 두터운 벽도 극복할 것으로 확

2. 지역사회와 지역문화

신한다. 이와 함께 우리 지역서점을 살리는 방안 몇
가지를 제시하고자 한다.

첫째, 도서정가제를 확립해야 한다. 도서정가제가
지켜지지 않을 경우 동네서점은 대형서점이나 인터
넷서점의 할인 공세를 당해낼 수가 없다.

둘째, 지역사회의 학교나 공공기관에서 도서를 구
입할 때에는 지역서점을 이용하도록 해야 한다. 현재
일부 지방자치단체가 이와 같은 지역서점 이용하기
를 모범적으로 수행하고 있는데, 전국적으로 확대해
야 한다.

셋째, 학부모들은 아이들과 손잡고 지역서점을 방
문하여 함께 책을 고르고 구입하는 습관을 들여야
한다. 이럴 때 지역서점이 발전할 뿐만 아니라, 부모
와 자녀 사이가 두터워지고 아이들의 지적 능력이 향
상될 것이다. 책은 상상력과 창의성을 키우는 데 가
장 유리한 매체이다. 특히, 어린 시절 동네서점에서
책을 찾아보고 읽는 습관을 키워준다면 학생 개인의
발전뿐만 아니라 국가 경쟁력 향상에도 큰 힘이 될
것이다.

넷째, 지역서점은 책에 관한 지식과 정보를 선도적으로 받아들여 고객인 지역사회 구성원들에게 친절하게 도서 상담을 해줄 수 있어야 한다. 아울러, 서점을 책과 연관된 체험 공간으로 꾸며, 미술 전시, 요리 시연, 음악 감상, 동화 구연, 저자 사인회 등 다양한 시도를 할 수 있을 것이다.

다섯째, 정부의 적극적인 지원이다. 서점에서 독서 동아리 운영, 저자 초청 강연 등 지역 실정에 맞는 다양한 문화행사를 할 때에, 중앙 정부와 지방자치단체가 지원에 나서야 한다. 동시에 서점인들과 독자들은 정부가 책의 중요성을 인식하고 정책에 반영할 수 있도록 목소리를 높여야 할 것이다.(2013. 12. 12.)

지역 언론,
문화 활성화에 앞장서야

토머스 제퍼슨은 대통령이 되기 전인 1787년 친구인 에드워드 캐링턴에게 보낸 편지에서 신문의 역할을 설명하며 이렇게 썼다. "나는 신문 없는 정부보다는 차라리 정부 없는 신문을 택하겠다." 이 말은 수세기가 지난 오늘까지도 전 세계의 지식인들이 즐겨 인용하는 말이 되고 있다. 심지어 '국민의 정부' 들어와서는 정부의 수반 역할을 담당하라고 국민들이 뽑아준 대통령의 연설에서도 들을 정도가 되었다. 정부 책임자가 정부는 없어도 좋으나 신문은 없어지면 안된다고 역설하고 있는 것이다. 아마 제퍼슨의 주장을 신문의 가치를 강조하는 은유나 상징적 의미로 파악해서 그런 것이 아닐까 싶다.

그러나 제퍼슨의 명언은 미국의 서부 개척기에는 수사학이 아니라, 실제적인 상황의 설명이었다. 즉, 미지의 땅에 처음 당도하여 황무지를 개척하는 사람들에게 정부의 역할은 피부로 다가오지 않았으나, 서로 멀리 떨어진 곳의 소식을 전하면서 광대한 지역을 하나로 연결하고 공동체 의식을 확립해주는 신문의 존재는 막중한 것이었다. 미국에서 그러한 전통은 현재에도 이어져 언론인은 지역 공동체의 대표로서 대우받고 있다고 한다.

　　'정부 없는 신문(또는 언론)'이라는 실제 상황은 미국 서부개척기가 아니라 월드컵 경기의 열풍 속에서 바로 지금 한국 땅에서 우리 모두가 경험하였다. 월드컵 경기에서 뛰는 선수들, 특히 응원하는 국민들에게 정부는 없는 듯이 있어 주면 고마운 존재였다. 각종 게이트나 뇌물 스캔들로 얼룩진 정부나 여당 책임자는 물론이고 대안 없이 물고 늘어지는 야당까지도 차라리 없는 것이, 있더라도 없는 척 해주는 것이 한국인, 아니, 전 세계인의 축제 분위기를 높여주는 에티켓이라고 많은 사람들은 생각했을 것이다.

전 국민을 하나로 만들고 열광케 한 힘과 열기는 어디에서 온 것인가. 그것은 민족적 전통에서 온 것이다. 선수들의 투지와 끈질김이 그렇고, 응원단 '붉은 악마'의 색깔과 박자와 구호가 그렇고, 광장에서의 단합과 행동 등 모든 것이 우리의 전통 속에서 그 원동력을 찾았다.

월드컵이 끝난 지금, 우리는 무한한 민족적 에너지의 보고라 할 수 있는 전통의 맥을 이어가는 일에 큰 관심을 기울여야 한다. 우리가 찾아 활용해야 할 전통은 구체적으로 각 지방의 고유한 특성과 지역문화 속에 잠재되어 있을 것이다. 그와 같은 특성과 문화를 살려내는 작업은 중앙정부가 아니라 각 지역이 맡아야 한다.

지방자치제가 실시된 지 10년이 넘은 지금, 각 지방자치단체에서는 효율적인 지방 행정과 주민 복지에서 더 나아가 지역문화의 활성화에도 관심을 기울여야 할 것이다. 그러나, 이러한 요구를 현 단계에서 자치단체에만 요구하는 것은 무리이다.

자치 행정의 바람직한 방향을 제시해주고 지역 문

화를 발전시킬 수 있는 적임자는 지역 언론이다. 제 퍼슨의 말대로 '정부'보다는 '신문'인 것이다. 역동적이고 새로운 문화는 지역 주민들의 자발성과 창의성이 최대한 발휘되는 데에서 나오는데, 이것은 지역 언론의 활성화를 통하여 보다 쉽게 이루어질 것이다.

월드컵을 통하여 한민족의 엄청난 잠재력을 확인한 지금, 지역 언론은 지방문화의 활성화 속에서 우리 전통의 힘을 최대한 활용할 수 있는 작업에 앞장설 수 있을 것이다.(2002. 7. 6.)

2. 지역사회와 지역문화

지역사회와
청년 언론

지난 11월 4일 광주중앙교회 대강당에서 '청소년 방송창작 경연대회'가 열렸다. 경기도 교육청 후원으로 사단법인 행복한교육이 주최하고 YMCA광주센터가 진행을 맡은 대회는 1부와 2부로 이루어졌다. 제1부 영상제는 학교 폭력 예방을 주제로 우리 지역의 중·고교 학생들이 만든 동영상(5~8분짜리) 상영이었는데, 예선을 거쳐 4개 학교에서 참가했다. 제2부 예능제는 댄스, 뮤지컬, 연극 등의 공연이었는데, 역시 예선을 거쳐 3개 학교 5팀이 참가했다. 예능제의 공연에서는 예술적 끼와 넘치는 패기가 느껴졌고, 관객들의 반응도 뜨거웠다. 필자는 심사위원장으로 참여했는데, 시간 가는 줄도 모르고 함께 즐길 수 있었다.

또한, 이번 대회에서 상영된 동영상은 수준도 높았고 나름대로 의미 있는 메시지를 던지고 있었다. 급우 한 명의 따뜻한 손길이 왕따에 시달린 피해 학생을 구해내며 전체의 화합을 이끌어낸 일화, 폭력에 대한 복수가 아니라 폭력의 악순환을 끊어낸 스토리, 학급 전체의 화합을 이루어낸 역지사지의 정신, 사과와 용서를 통하여 다함께 어울려서 행복해진 이야기 등 다양한 내용으로 메시지를 전달했다.

이러한 동영상을 준비한 팀은 각 학교의 방송반 학생들인데, 광주YMCA에서는 지난 학기부터 지역사회 청년방송국을 만들기 위한 준비작업의 일환으로 지역사회의 중고등학교 방송반 학생들을 대상으로 언론 교육을 하고 있는 중이다. 교육은 영상 편집, 아나운서, 취재기자 분야 등으로 나누어 진행된다.

필자는 취재기자 분야를 지도하는데, 학생들에게 지역사회 정책의 핵심에 들어가고 소외된 이웃들을 살펴볼 것을 주문한다. 지역사회 정책의 핵심 주제에서는 지역 주민들이 뽑은 시의회 의원들이 시정의 감시, 정책 개발, 예산의 수립 등 본연의 임무를 제대로

　　　　　　　　2. 지역사회와 지역문화

수행하고 있는지 비판적으로 살펴볼 뿐만 아니라, 모범적인 시의회 의원들을 선정하고 인터뷰하여 부각시켜 주기를 요구한다. 일부 사람들은 이 일이 중고등학생으로서 가능하겠냐고 하며 이상주의적 발상이라고 외면하는데, 오히려 필자의 발상이 미흡하다고 지적하는 사람들도 있었다. 그들은 시의회 의원들의 활동에 대한 비판적 보도와 모범 의원 선정에서 더 나아가, 학생들 자신이 시의 정책을 개발하도록 해야 한다고 말한다. 최근 최순실게이트에서 촉발된 촛불집회에 나온 중고등학생들을 만나고 그 촛불집회의 발언대에 올라선 학생들의 주장을 듣고 있으면 그들의 지적에 공감하지 않을 수 없다.

또한, 내가 학생들에게 소외된 이웃들의 문제를 살펴보라고 요구하는 것은 이런 일이 청년 언론의 중요한 역할이라고 생각하기 때문이다. 자살을 생각하는 외로운 노인, 추운 계절에도 제대로 난방을 못하는 극빈 가정, 공부는커녕 끼니를 걱정해야 하는 소년소녀가장들, 우리 사회에 적응 못하는 다문화 가정 등등 소외된 이웃들은 어느 지역사회에나 많을 것이다. 그러나 정책 담당자나 행정가들은 이들을 잘 알지도 못하고 큰 관심도 기울이지 않을 때가 많다. 청년 취재기자들은 이들에게 다가가서 보도하고 지역사회의 여론을 일으켜 주어야 한다.

물론 이러한 일들은 청년 언론인뿐만 아니라 모든 언론인의 사명이 되어야 할 것이고 지역사회 시민 모두의 관심사가 되어야 할 것이다. 최근 우리 지역 언론사에서는 시민 기자단이 꾸려져 지역의 현안을 직접 취재하여 언론에 내보는 일들이 예전보다 활발하게 이루어지고 있다. 지역 언론에서는 이러한 작업들을 계속해서 확대해나가야 할 것이다.(2016. 12. 8.)

3

바람직한 언론 보도

바람직한
언론 보도를 위하여

언론의 중요성은 새삼 이야기할 필요가 없을 것이다. 현대인들은 남녀노소를 가릴 것 없이 신문, 방송 등 매스미디어와 함께 살아가고 있다. 국가적인 차원에서도 언론의 영향력은 갈수록 커지고 있음을 실감하게 된다.

일반 독자 또는 수용자들은 언론에서 크게 보도하는 사안을 중요하게 생각하지만, 소홀히 다루는 사안은 그렇지 않은 것으로 생각한다. 이것을 언론학에서 의제설정기능이라고 한다. 이 때문에 언론인은 무엇을 크게 보도해야 하는지 올바로 판단해야 할 의무가 있는 것이다.

그러나 최근 중앙 일간지나 공중파 방송의 뉴스

보도를 보면, 언론인들이 이와 같은 의무를 자각하고 있는지 의심이 들 때가 많다. 특히, 정치 관련 보도에서 본말이 전도된 경우를 너무 자주 보게 된다.

바로 얼마 전 개헌 문제가 제기되자 언론에서 커다란 이슈가 되어, 텔레비전 뉴스 시간의 절반 이상을 차지하는가 하면, 중앙 일간지 3~4면 이상을 할애하였다. 경제가 어려운 현 상황에서, 대통령 임기를 몇 년으로 할 것이냐 하는 논의를 그렇게 크게 보도해야 하는지 의문이다. 또 총리를 지낸 어느 인사가 대통령 선거에 나가지 않겠다고 선언하니, 커다란 뉴스가 되었다. 그러나 그 인사는 대통령 출마 선언을 한 적도 없다. 하긴, 일개 국회의원의 탈당 의사 표명도 중앙 일간지의 주요 자리를 차지한다.

이러한 언론 보도가 횡행하는 요즈음, 언론 보도의 기준, 언론이 수행하는 의제 설정의 기준을 다시금 생각해보게 된다. 그 기준은 사실상 간단하다. 국민 생활에 보탬이 되고 국가 발전에 도움이 되는 내용이라야 할 것이다. 이러한 관점에서 언론 보도에서 고쳐야 할 문제점을 몇 가지 지적하고자 한다.

첫째, 언론 보도가 정치 과잉 현상을 보이고 있다.

정치 과잉 보도는 경제, 교육, 문화, 복지 등 중요한 사회적 의제들의 자리를 침범하고 있기 때문에, 사회 발전에 역행하는 것이다. 이러한 언론을 접하는 국민들은 자신들도 모르는 사이에 정치의 영향력을 과대평가하게 되고, 실망 속에서 정치 불신을 키우게 된다. 더욱이 현재의 정치 보도가 대부분 민생과 국가 발전에 별로 관계가 없는 것이기에, 문제가 심각한 것이다.

둘째, 최근의 보도는 지엽적이고 흥미 위주의 경향을 자주 보이고 있다.

정당의 이합집산, 정치인들의 세력 결집 상황, 대선 출마 예정자들의 동정 보도 등이 그런 예들이다. 반면에 국가적 현안에 대한 처방이나 정책 제시는 거의 보도되지 못하고 있다. 대통령 선거 관련 보도만 하더라도 후보자의 정책이나 실현 가능성에 대한 분석 평가는 별로 제시되지 않고 있다. 그런데도 예비 후보자들의 지지율 발표는 빈번하게 발표되고 있으니, 답답한 노릇이다.

셋째, 국민의 편에 서서 보도하지 못하고 있다.

언론 보도가 현재의 세력가 또는 미래에 세력을 가질 가능성이 큰 인물이나 집단에 경도되는 양태를 보이고 있다. 심지어 자기 세력을 모으는 행위 자체를 중요하게 다루고 있다. 대통령 선거 보도의 경우도 '대권', '권력의지' 등이라는 용어를 남발하며, 국민에 대한 봉사자로서의 대통령 이미지를 왜곡시키고 있다. 이것은 민주주의의 걸림돌이 아닐 수 없다.

국민은 독자요, 시청자이다. 그리고 신문, 방송 등 모든 매스미디어의 존립 근거인 광고를 가능하게 해 주는 소비자이다. 국민의 편에 서는 진정한 언론이 되기를 제안한다.(2007. 2. 1.)

격조 높은 언어와
언론의 역할

한쪽 눈이 없었던 일본 외상 이누가이와 관련된 일화이다. 어느 날 야당의원이 그에게 "한쪽 눈만 가지고도 복잡한 국제정세를 잘도 보시는군요."라고 빈정댔다. 그러자 그는 "의원께서는 일목요연(一目瞭然)하다는 말도 못 들어보았습니까?"라고 응수했다. 보통 사람 같으면 "너 말 다 했어" 하고 나올 만한 상황에서 '한눈에 척 알아본다'는 말 한마디로 상대방을 제압하고 있으니 얼마나 통쾌한가. 우리 정치판에서 이런 촌철살인의 멋진 응수는 하나의 꿈일까.

최근 신문을 읽고 있으면, 우리 언어의 품격이 많이 떨어지고 있구나 하는 당혹감을 종종 느끼게 된다. 여야를 가릴 것 없이 정치 지도자들의 구태의연

한 정략적 주장, 상대방 헐뜯기, 비속어 수준의 저급한 발언 등이 신문이나 방송 보도를 타고 전해져 국민들을 부끄럽게 하고 있다. 상대방의 정책을 공격할 때에도 특유의 위트와 유머 속에서 품격 있는 발언을 함으로써, 정치적 효과와 함께 국민적 공감대를 형성하고 있는 외국의 지도자들과 비교하니, 그 부끄러움은 더욱 커진다.

언어는 단순히 생각을 전달하는 도구가 아니다. 우리 생각, 우리 사고(思考) 자체를 가능하게 하는 것이 언어이다. 왜냐하면 언어로 표현될 수 없는 사고나 개념은 없는 것과 같기 때문이다. 또한 언어는 현실을 변화시키는 힘을 갖고 있다. 특히 정치에서 언어의 영향력은 막강하다. 몇 마디 말로써 유리한 여론을 이끌어내기도 하지만, 말 한마디 잘못하여 추락하는 경우도 종종 있다. 그런데 요즘 국정 최고 책임자인 대통령의 언설에서 비속어가 수시로 터져 나오고 있음을 보게 된다. 필자는 대통령이 선거법을 어긴 것보다 한국어의 품격을 떨어뜨린 점이 더 큰 문제라고 생각한다. 자신을 변호하면서 '쪽팔린다'

같은 비속어를 쓰고 있는데, 문제는 그것이 크게 보도될 것임을 알면서도 그대로 사용한다는 점이다. 역으로 정치인들이 매스컴에 등장하고 싶을 때, 비속하고 거친 표현을 쓰는 건 아닌지 의문이 든다.

필자는 여기에서 정치인들의 저속한 언어 사용에 대한 비판과 함께, 그러한 행태를 방조 또는 조장하는 듯한 언론의 문제를 생각해보게 된다. 언론은 시위를 하더라도 폭력이나 불법 행위가 일어나야 보도한다. 그러나 시위 당사자들은 비판적 기사로라도 보도가 되는 것이 합법적 시위를 해서 전혀 보도되지 않는 것보다 유리하다고 판단한다. 그래서 한때 폭력적 불법 시위가 우리 언론 보도를 장식했던 시기가 있지 않았던가. 최근 우리 언론은 비속어 수준의 보도를 너무 자주 하는 것이 아닌가 생각된다. 아무리 유명 인사이거나 대통령의 연설이라도 그들의 비속한 말 자체를 큰 활자의 제목으로 뽑아서야 되겠는가. 그것은 말한 사람 못지않게 보도하는 그 신문의 품격도 떨어뜨리는 일이다. 언론은 보도 기능과 함께 교육 기능이 있다. 이제는 정치인들의 언어 교육도 담당해주었으면 한다. 요즘 같은 어려운 시기에 우리에게는 품격 있는 언어로 국민의 아픈 가슴을 어루만져 줄 수 있는 지도자가 정말로 필요하다. 링컨, 케네디, 마틴 루터 킹처럼.

"국민의 국민에 의한 국민을 위한 정부가 이 지구상에서 멸망하지 않으리라는 굳은 결의를 하는 바입니다." 남북이 갈라져서 전쟁까지 치른 직후 게티즈버그에서 링컨이 행한 연설이다.

"조국이 여러분을 위해 무엇을 할 수 있는가 묻지 마십시오. 여러분이 조국을 위해 무엇을 할 수 있는가를 물으십시오." 1961년 냉전 시기에 케네디가 한 말이다.

"나에게는 꿈이 있습니다. 어린 흑인 소년 소녀들이 어린 백인 소년 소녀와 손을 맞잡을 수 있고, 형제자매로서 함께 걸어 다닐 수 있는 상태로 변모하리라는 꿈을 가지고 있습니다." 1960년대 혹독한 인종차별의 상황 속에서 들려준 마틴 루터 킹의 외침이다.

3. 바람직한 언론 보도

물론 우리에게도 이들에게 못지않은 지도자가 있다. 1947년 정부 수립 이전의 혼란기에 국가의 비전을 제시한 백범 김구의 '우리의 소원'을 다시 경청해보자.

"나는 우리나라가 세계에서 가장 아름다운 나라가 되기를 원합니다. 가장 부강한 나라가 되기를 원하는 것은 아닙니다. 한없이 가지고 싶은 것은 높은 문화의 힘입니다. 문화의 힘은 우리 자신을 행복하게하고 나아가서 남에게 행복을 주기 때문입니다."

이런 격조 높은 언설들은 너무 유명하여 대개 잘 알고 있을 것이다. 중요한 것은 이런 격조 높은 언어들을 사용할 줄 아는 사람들이 우리 사회의 지도자가 되도록 여론을 형성하는 일일 것이다. 바로 이 역할을 맡아야 하는 것이 언론이라고 새삼 강조하고 싶다.(2007. 6. 14.)

소통의
리더십

최근 우리 사회는 소통 부재의 위기를 겪고 있다. 특히, 정부 지도자들의 소통 부재는 국민과의 관계에서는 말할 것도 없고 늘 가까이 협의해야 하는 참모나 정책 파트너와의 관계에서도 마찬가지여서, 국민들을 실망시키고 부패한 무능력자에게 중책을 맡기는 실책을 거듭하고 있다. 최근 정부에서 국가 개조를 목청 높이고 있는데, 혁신이나 개조를 원하는 리더는 비판에 마음의 문을 열어 놓아야 한다.

"건설적인 비판은 리더십의 핵심인 창조와 혁신과 문제 해결에 필수적이다. 따라서 훌륭한 리더는 열린 자세로 비판을 수용하는 데 그치지 않고, 비판을 적극적으로 찾아나서야 한다. 즉, 리더는 일반적인 피

드백을 단순하게 질문하는 것이 아니라 자신의 아이디어와 접근 방식의 허점을 사람들이 지적할 수 있도록 요구해야 한다."

'하버드 비즈니스 리뷰'가 들려주는 충고이다. 우리나라 불통의 정치 지도자들이 꼭 들어야 할 충고가 아닐 수 없다.

소통의 리더와 불통의 리더가 어떻게 다른지 극명하게 보여주는 것이 이순신과 원균의 일화이다. 이순신은 국내는 물론이고 세계 해전사에서도 빛나는 인물이다. 임진왜란에서 보여준 이순신의 승리 요인은 지형지물을 효과적으로 이용한 전략, 강력한 파괴력을 지닌 화포, 돌격선의 임무를 수행한 거북선의 개발 등을 들 수 있다. 그러나 무엇보다 중요한 요인은 이 모든 것을 가능케 한 이순신의 소통 능력이다. 명재상이었던 유성룡은 이순신의 소통 능력을 원균과 비교하여 이렇게 전해준다.

"이순신은 통제사 시절 운주당이라는 집을 짓고 그 안에 거처하면서 여러 장수들과 군사에 관한 일을 함께 의논했다. 아무리 지위가 낮은 군졸이라도 군사에 관한 일을 말하고 싶은 사람은 운주당에 찾아와서 말하게 했다. 이순신은 작전을 개시할 때마다 부하 장수들을 모두 불러서 계책을 묻고 전략을 세운 후 나가서 싸웠다. 따라서 패전하는 일이 없었다.

원균은 애첩을 데리고 와 운주당에서 함께 살았다. 그리고 울타리를 쳐서 운주당의 안팎을 막아버렸기 때문에, 여러 장수들조차 그의 얼굴을 볼 수 없었다. 또한, 술을 즐겨 날마다 주정을 부렸으며 형벌을 쓰는 데 법도가 없었다. 여러 장수들은 서로 원균을 비난하고 비웃으면서 군사 일을 아뢰지 않아 그의 호령은 부하들에게 시행되지 못했다."

그러고 보면 이순신의 승전과 원균의 패전은 전투 이전에 이미 정해져 있었다고 볼 수 있다. 소통의 일차적인 조건은 소통을 가능케 하는 공간의 확보이다. 아니 공간의 활용이라 할 수 있다. 이순신과 원균의 예에서 보듯 같은 운주당이라도 리더에 따라 용도가 전혀 달라진다. 소통 공간의 목적은 일방적인 홍보나 연설이 아니라 많은 사람들의 다양한 의견을 듣기 위함이다.

우리 역사에서 소통 능력이 뛰어난 지도자로 세종을 꼽을 수 있다. 그는 탁월한 능력과 지식으로 정치, 문화, 국방, 과학, 교육, 예술 등 광범위한 분야에서 미증유의 업적을 이루었지만, 독단적으로 지시하거나 말을 많이 하지 않았다. 세종은 신하들에게 과제를 주고 자신의 발언은 최대한 아꼈다. 한글 창제와 같은 위대한 성과를 내고도 커다란 반대에 부딪치자 세종이 신하들을 불러 그들의 장황한 주장을 모두 경청하고 논리적으로 설득하는 모습이 조선왕조실록에 자세히 묘사되어 있다.

대통령이 말하고 다른 국무위원들은 열심히 받아 적는 오늘날 국무회의 풍경은 전제왕정인 조선시대보다도 후퇴한 느낌을 준다. 아니, 녹음을 하거나 속기사가 하면 될 일을 왜 그 바쁜 장관들이 그러고 있는지 답답한 노릇이다. 그 국무위원들이 각 부서에 내려가면 부서원들은 또다시 받아 적기를 해야 할 판이니, 소통은 사라지고 업무는 활력을 잃게 될 것이다.

국민이 주권자인 현대 사회에서의 리더는 한시적으로 책임을 부여받은 사람들이다. 오늘날 청와대나 장관실이나 지방자치단체장들의 경우 어디 운주당만 한 공간이 없겠는가. 원균처럼 울타리를 쳐서 안팎을 막아 폐쇄된 공간으로 만들어 버릴 것인지, 이순신처럼 지위 고하를 막론한 소통의 공간으로 만들 것인지는 리더의 마음 가짐에 달렸다.

이순신의 운주당과 같은 소통 장소의 활용, 소통과 경청의 모범을 보여준 세종의 리더십, 비판을 적극적으로 요청하라는 하버드 비즈니스 리뷰와 같은 현대 경영학의 지혜를 우리 리더들도 배우기를 기대한다.(2014. 7. 17.)

4

민주주의를 다시 생각함

민주주의를
다시 생각함

최근 민주주의가 후퇴하고 있다는 우려가 커지고 있다. 국민과 소통할 줄 모르는 정부의 무능, 때로는 서울 시청 앞 광장 폐쇄와 같이 고의적으로 저지르는 비민주적 행태로 인하여 비판의 목소리는 더욱 확산되고 있다. 이때 새삼 민주주의의 기본 원리와 그에 비쳐진 우리의 현실을 돌아보게 된다. 민주주의가 가능하기 위한 요소는 세 가지이다. 첫째, 언론·출판 및 집회·결사의 자유, 둘째, 삼권분립, 셋째 국민의 민주의식이다.

첫째, 언론의 자유와 집회의 자유는 연계되어 있는 문제이다. 오늘날 한국 언론의 문제는 언론 자유의 침해에 대한 우려가 아니라, 언론 권력이라는 말이 나올 정도로 기득권을 누리고 있는 점이다. 이러한 언론 속에서 사회적 약자들의 권리 주장을 위한 공간은 매우 좁다. 결국 언론이 자신들을 대변해주지 않는다고 생각하는 사회적 약자들은 집회나 시위를 통하여 의사 표현을 할 수밖에 없게 된다.

그래서 집회·결사의 자유는 언론·출판의 자유와 함께 민주주의의 기본 전제가 되고, 우리 헌법에서도 보장하고 있는 것이다. 그러나 현재 상황은 집회의 허용 여부를 집시법이나 지방자치단체 조례 등의 하위 규정을 핑계로 행정당국이 결정하고 있는데, 이것은 민주주의와 헌법을 무시하는 처사가 아닐 수 없다.

정부와 지방자치단체는 집회의 허용 권한을 가지고 있다는 낡은 사고방식을 버려야 한다. 아울러 집회에서는 어떤 형태의 폭력행위도 없어야 한다.

둘째, 삼권분립에서 가장 중요한 것은 사법부의 독립일 것이다. 과거 권위주의 정부 시절 행정 당국의 비민주적인 운영 또는 민주인사의 처벌에 대하여 사법부는 마치 시녀처럼 보조를 맞추어온 역사적 과

4. 민주주의를 다시 생각함

오가 있다.

그와 같은 과오는 오늘날 거의 사라진 것처럼 보이지만, 아직도 사법부의 판결은 재력이나 권력을 소유한 집단에게는 매우 유약하고 관대한 모습을 보이고 있다. 또한 법관의 독립을 해치는 행위를 한 대법관에 대해서 자체 징계조차 내리지 못하고 있는 실정이다. 만일 그 대법관이 현 정부 주장과 대립되는 판결을 내리라는 취지의 메일을 보냈다면, 그는 벌써 법복을 벗었을 것이다.

정부의 경제정책을 강하게 비판한 인터넷 논객 미네르바에 대한 재판에서 무죄 판결을 내린 일이 이례적인 사건으로 언론에 대서특필되는 것이 우리 사법부의 현실이다. 사법부의 독립은 법을 어긴 대기업이나 권력자들에게 면죄부를 주거나 그들의 죄를 자진해서 경감시켜 주라고 있는 것이 아니다. 사회적 약자를 보호할 수 있는 장치로서 그리고 국민의 인권을 보호하기 위한 제도로서 필요한 것이다.

사법부의 독립과 함께 필요한 것이 입법부의 위상확립이다. 국민의 직접 선거에 의해 선출된 국회의원은 각 개인이 개별 헌법기관으로서의 지위를 부여받는다. 그러나 현재 의원들의 위상은 퇴행적인 정당 정치의 부속물이거나 정치 발전의 걸림돌로 인식되는 정도이다. 일부 언론은 지난달 여당 원내대표 선거 때 현 대통령을 비판하면서 "원내대표 하나 마음대로 바꾸지 못하는 힘없는 대통령"이라고 주장하기도 했다. 이것은 언론이 아직도 권위주의 정부 시절의 대통령 이미지를 그대로 지니고 있음을 보여준다. 동시에 오늘날 우리 입법부의 초라한 위상을 드러내는 말이 아닐 수 없다. 그러나 민주국가에서 행정부의 수반인 대통령이 여당 국회의원들의 리더인 원내대표를 마음대로 교체한다는 것은 상상조차 불가능한 일이다.

또한 거리로 뛰쳐나가는 의원들의 행태도 스스로의 위상을 실추시키는 일이다. 입법부의 위상은 무엇보다도 여야를 막론하고 민주적인 법률을 제정하는 고유의 권한을 지킴으로써 의원들 스스로 확립해야 한다. 우선, 집시법을 포함한 비민주적인 법률을 개정할 것을 촉구한다.

셋째, 국민의 민주의식은 민주주의의 성립뿐만 아니라 유지·발전시키는 데에 가장 중요한 요소이다.

한국의 민주주의는 1987년 6월 항쟁 이후 지속적으로 발전해왔으며, 국민들의 민주의식도 성장해왔다. 그러나 앞에서 말한 정부 당국의 모습을 살펴보면, 그들의 민주의식은 아직도 후진국 수준에 머물고 있음을 느끼게 된다. 일부 언론은 민주주의 회복을 요구하는 지식인들이나 시민단체의 주장에 힘을 실어주기보다는 깎아내리기 위한 핑계거리 찾기에 바쁘고, 집회 봉쇄 등 비민주적인 정부 행태를 애써 외면하기도 한다. 각성을 요구한다. 이제 언론은 국민의 민주의식을 북돋아주는 일에 적극 나서야 할 것이다.(2009. 6. 18.)

다시 생각하는
국민 참정권

제17대 국회의원 선거가 끝났다. 이번 선거는 과거와 같은 금전선거, 타락선거의 행태가 크게 줄어든 점에서 우선 평가할 수 있을 것이다. 그러나 후보자의 적합성 여부를 가리는 데에는 어려움이 있었다고 생각한다. 일반 유권자들로서는 누가 어떤 인물이고 그가 속한 정당의 정책이 무엇인지 자세히 알 수 없는 상황에서 투표를 했다고 볼 수 있다. 아무리 작은 기업일지라도 직원 한 명 채용할 때에는 능력과 적성, 성품, 헌신적 자세, 과거 경력 등을 살펴보고 나서 판단하는 법인데, 국정의 심부름꾼을 뽑는 일에는 오히려 소홀히 하고 있지 않나 반성해볼 일이다. 투표 참가자가 겨우 60퍼센트 정도라니……. 이번 선거에서 투표권은 국민의 참정권인바, 기업으로 말하자면 임직원을 선발하는 인사권을 말하는 것이다. 그런데 이를 포기하는 국민이 40퍼센트라니 공동체 의식의 부족이 아닐 수 없다.

이렇게 된 데에는 물론 일차적으로 정치적 무관심과 냉소를 만들어내는 기존 정치권의 엄청난 부정부패와 위선적 행위에 책임이 있겠지만, 또한 언론의 무책임한 보도 태도도 일조하였다고 생각한다. 이번 선거에서는 지역구 의원을 뽑으면서 동시에, 비례대표 의원 선출을 위하여 정당에 대한 투표도 함께 하도록 제도가 바뀌었다. 그러나 선거관리위원회나 언론에서 이에 대한 홍보에 적극성을 보이지 않아, 필자가 주변에서 만나본 많은 사람들은 이 점을 제대로 모르고 있었다. 그리고 정당을 선택하기 위해서는 각 정당의 비전과 정책을 알려야 하는데도 우리 언론들은 각 정당의 이벤트성 행사를 과대하게 기사화하는 데 주력하였다. 그것도 감성을 더욱 자극하는 방향으로. 도대체 정당을 뽑는데 각 당의 대표들이 눈물로 호소하였다, 땅바닥에 엎드려 절하였다, 밥을

굵기로 하였다는 등의 기사가 어떻게 매스컴의 중요한 이슈가 될 수 있는가 말이다.

그래도 우리 국민들은 이번 선거에서 낡은 정치인들을 만족스럽지는 못하지만 상당수 투표로써 몰아내었다. 구태정치를 주도하는 사람들은 대개 오랫동안 국회의원 신분을 유지하면서 정당 내에서 강한 영향력을 행사하는 그룹에 속해 있다. 따라서 기존 정당 안에서도 간혹 이들을 축출하기는 하지만, 그것은 일시적으로 또는 부분적으로만 이루어져 왔음을 국민들은 보고 있다. 그러한 낡은 정치에 대한 퇴출은 정당 내에서가 아니라 국민의 손을 통해야 영구적으로 그리고 전면적으로 그것도 쉽게 이루어낼 수 있는 것이다.

다선 의원일수록 또는 신인이라도 의식이 낡은 의원일수록 국민의 심부름꾼이 아니라 특권층이라는 의식에 젖게 된다. 이번에 당선된 민주노동당 의원들은 국회의원의 불필요한 특권을 포기하겠다고 하고, 비례대표 의원은 한 번밖에 할 수 없도록 당규로 정해놓았다는 기사를 신문을 통하여 접하였는데, 참신

4. 민주주의를 다시 생각함

한 기운을 느끼게 한다.

연구하는 국회의원 기대한다

구태정치인들의 특징은 자신의 역할을 모른다는 사실이다. 필요한 법률을 만들어내고 행정부를 감시하는 것이 국회의원의 임무임은 누구나 아는 상식이다. 그러나 이것을 실천하는 의원들은 찾아보기 힘들다. 독일의 국회의원은 그 임무를 제대로 수행하고자 입법 자료 찾아 밤새워 연구해야 하기 때문에, 격무에 지쳐서 한두 번 하고 그만 두는 일이 많다고 한다. 하기는 우리도 그런 연구를 하라고 국회의사당 내에 국회도서관을 선진국 수준으로 만들어놓았다.

그러나 우리 국회도서관을 이용하는 의원은 가뭄에 콩 나듯 나오고 가끔 극소수 보좌관들이 이용할 정도라고 한다. 이번에 처음 국회에 들어가는 일부 당선자들은 국회에서 늦은 시간까지 불을 밝히며 그런 연구를 하겠다니 기대해봄 직하다.

그들이 연구와 감시를 하고 제대로 된 법률을 통과시키게 만들기 위해서는 지역의 유권자들이 4년 내내 감시하는 방법밖에 없을 것이다. 막상 선거철이 되면 눈물에 속고 제스처에 속아서는 우리의 민주주의 발전은 지연될 수밖에 없을 것이다. 이런 점에서 시민단체가 주는 정보도 매우 소중할 것이고, 지역 언론도 바삐 활동하여 유권자들의 눈이 되어주어야 할 것이다.(2004. 4. 24.)

4. 민주주의를 다시 생각함

바람직한
정책 선거를 위하여

후퇴하는 한국 정치

한국 정치와 민주주의가 크게 후퇴하고 있다. 최근
선거철을 맞아 정당마다 공천 분위기가 뜨겁게 달아
오르고 있지만, 국민들의 관심을 끌 만한 이슈는 나
오지 않고 있다. 대다수 국민들은 이번 국회의원 선
거에서 자리다툼이나 세력 싸움 이상의 의미를 찾아
내지 못하고 있다.

여당은 과반 의식을 확보하여 안정된 국정 운영을
해야 한다고 주장하지만, 국민 대다수가 반대하는
문제 많은 각료 임명을 국회의 반대에도 불구하고
강행하고 있다. 여론과 국회를 중시하지 않는데, 왜
과반의석이 필요한 것인지 국민들은 그 이유를 알지

못한다. 아니, 믿음이 가지 않는다는 것이 정확한 표현일 것이다.

　야당은 자신들이 견제 세력이 되어야 한다고 주장하지만, 지난 5년간 잘못된 국정 운영으로 국민의 혹독한 심판을 받아 지난 대선에서 패배했음에도 책임지는 언행은커녕 반성하는 기미도 없다. 오히려 일차적인 책임을 져야 할 당사자들이 다시 나와서 선거구민에게 표를 달라고 하니 국민들로서는 황당할 뿐이다.

정책이 실종된 정당 명칭

　국민들이 집권당으로 만들어준 여당에서는 공천 탈락한 사람들이 뛰쳐나와 정당을 만들고 있는데, 그 당명이 '친박연대'라고 한다. 정말이지 이건 아니다.

　그동안 한국 정당정치는 군부나 특정 인물들이 지배해오면서, 후진적인 계파정치와 낡은 보스체제를 오랫동안 유지해왔지만, 정당의 명칭은 그래도 민주, 자유, 국민, 한나라 등 우리들이 지켜야 할 으뜸 가치

　　　　　4. 민주주의를 다시 생각함

를 허울 좋은 이름으로라도 내세워왔다. 실속은 어떻든 겉으로는 정책정당의 이미지를 주고 싶었기 때문일 것이다. 그러나 이제는 정당의 얼굴에 해당되는 당명까지도 "우리는 계파정치, 인물 중심의 보스정치로 후퇴하겠다"고 공개적으로 선언하고 나오는 셈이다. 타락의 극한을 보는 것 같다. 혹시 그 이름으로 인하여 선거에서 몇 표 더 얻을 수 있다고 생각했을지 모르나, 그건 정말로 구시대적인 발상이다. 세계화·정보화 시대에 과거의 영웅주의적 역사의식으로 되돌아가겠다는 망발이 아닌가.

힘없는 국민을 섬기는 정책이어야

국회의원은 각 지역 주민들의 의사를 대변하여 중요한 국정을 담당해야 한다. 이들은 국가의 중요한 정책과제를 제시하고 이것을 법안으로 구현하며 행정부를 비판·감시하는 존재이다. 따라서 이러한 국회의원 전체를 새로 뽑는 총선거는 반드시 정책 선거로 치러야 하는 것이다. 그들이 제시하는 정책이 나라와 국민을 위한 것이지 판단할 수 있는 원칙을 여기에 새삼 적어보고자 한다.

첫째, 모든 정책은 국민을 섬기는 자세에서 나와야 할 것이다. 그러나 모든 국민을 한꺼번에 섬길 수 없기 때문에, 경제적으로 사회적으로 낮은 처지에 속한 국민들부터 먼저 섬기는 정책이 되어야 할 것이다. 그래서 선진국일수록 장애인이나 힘없는 사람들이 떳떳한 국민 대접을 받게 되는 것이다.

둘째, 모든 정책은 미래지향적이며 구체적인 계획을 담고 있어야 한다.

이번 정당의 공천 심사에서 국회의정활동 계획서를 내라고 했다는데, 그것은 진일보한 방식이다. 그러나 이를 심사용으로만 활용할 것이 아니라 언론을 통하여 공개하고 비판적으로 검토해야 한다.

셋째, 공동체 전체의 이익을 우선해야 한다.

국민들은 정당에서 내세운 후보들이 소속 정당이나 소속 계파의 이익에 충실할 사람일지, 아니면 공익에 충실하고 우리 지역 공동체의 건전한 여론을 대변할 수 있는 능력과 의사가 있는 사람인지 판단해야 할 것이다.

각 정당과 입후보자들은 이제라도 총선 공약을 확고하게 제시하여 정책선거의 기틀을 만들어나가야 할 것이다.(2008. 4. 2.)

위기 극복의 자세와
정책 방향

미국의 금융위기 여파로 한국 경제가 휘청거리는 가운데 불안감이 고조되고 있다. 현재의 위기는 물론 외부적 요인이 크겠지만, 우리 내부의 문제도 결코 작지 않다. 국민을 불안하게 하는 주된 원인은 오히려 우리 내부에 있다는 생각이 든다. 특히, 정부 당국의 자세와 정책 방향이 위기를 증폭시키고 있는 실정이다.

무엇보다도 정부는 국민적 신뢰를 얻지 못하고 있다. 정책의 일관성이 결여되어 있고, 정책 담당자마다 다른 목소리가 나오고 있다. 심지어 같은 사람의 상황 판단이나 정책 설명도 며칠 사이 심지어 하루 사이에 바뀌기도 한다. 참여정부에서는 품위 없는 말

4. 민주주의를 다시 생각함

때문에 국민의 신뢰를 잃더니, 현 정부에서는 신중성 없는 언어 때문에 시장의 혼란을 더해주고 있다. 경제 전문가들은 국민적 신뢰가 부족하기 때문에, 시장에서 정부 정책이 통하지 못하여 위기감이 심해지고 있다고 진단한다. 그러나 정책 담당자들은 항시 자화자찬할 거리를 홍보하느라 바쁠 뿐이다.

정부는 초기의 약속과 달리 아직도 국민과의 소통에 힘을 쏟지 않고 있으며, 국민 여론에도 귀를 기울이지 않고 있다. 단적인 예로 무능한 경제정책 담당자들의 경질을 요구하는 목소리가 높건만, 요지부동이다. 국민의 신뢰를 얻고자 한다면, 정부는 지금이라도 언론의 비판적인 목소리를 겸허하게 들어야 할 것이다. 정부 스스로가 언론매체의 주인 역할을 차지하려는 옛날식 사고방식도 버려야 한다.

현재 정부의 정책 방향은 위기 극복과는 거리가 멀어 보인다. 국가적 위기 극복에는 언제나 전 국민의 일치단결이 전제 조건이다. 사회적 약자를 끌어안아야 범국민적 단결이 이루어지는 법이다. 경제 상황이 어렵다는 이유로 사회안전망을 위한 복지비 예산을 줄이게 되면, 국민적 불안감은 커질 수밖에 없을 것이다. 가난하고 생계 대책이 막막한 사람들이 늘어나는데 어떻게 국민총화가 이루어질 수 있겠는가. 현 상황은 정반대로 경제적 최상위 계층이 감세 혜택을 받고 종합부동산세 등을 오히려 돌려받는다고 하니, 서민들의 박탈감은 커질 수밖에 없지 않은가. 종합부동산세와 연계된 지방 재정도 타격을 받을 것이라고 하니, 국민총화와는 멀어지고 있다. 정부는 지금이라도 정책 방향을 돌려 사회적 약자의 권익을 보호하는 데 힘을 쏟아야 할 것이다. 아울러 지방 경제 활성화를 위한 대책을 다각도로 수립 시행해야 한다.

우리 국민은 정부의 의지와 방향이 옳다고 판단하면 아주 잘 뭉친다. 그래서 10여 년 전 IMF 경제위기 극복을 위해서 자신들의 결혼반지, 자녀 돌반지까지 내놓아 금 모으기 운동을 벌였고 최단 시일 내에 위기를 극복한 바 있다. 현 정부가 중요한 시사점으로 항시 기억해야 할 것이다.

또 다른 제언은 경제위기 극복을 위하여 문화의 힘을 최대한 키워야 한다는 것이다. 경제가 위기일수

4. 민주주의를 다시 생각함

록 문화 발전과 연구 개발을 위한 비용과 노력을 더욱 강화해야 한다.

오늘날 세계를 이끄는 것은 문화 창조력이다. 우리가 처한 경제적 어려움도 문화의 힘으로 풀어야할 것이다. 경제를 살리기 위한 방편으로 건설 경기 진작과 부동산 경기 활성화에만 기대는 것은 단견이 아닐 수 없다. 이미 산업사회에서 정보화사회로 깊숙이 들어온 시대의 흐름을 외면하는 구시대적 발상이다.

이 시대의 중요한 과제는 우리의 문화 창조력을 최대한 키워내는 일이다. 우리는 불교 경전의 표준이 되고 있는 팔만대장경의 조성, 세계 최초의 금속활자 발명, 정보화시대에 가장 적합한 한글의 창제 등 문화적으로 매우 뛰어난 능력을 지닌 민족이다. 지금이야말로 이러한 민족의 우수한 문화적 잠재력을 살려내야 할 때이다.

오늘날 문화는 정신적 자산이면서 경제적 가치를 창출하는 가장 유용한 수단이 되고 있다. 소설가 롤링은 『해리 포터』라는 소설 한 종으로 영국 최대의

갑부가 되었을 뿐만 아니라, 그 소설이 번역 수출은 물론 영화와 캐릭터 산업으로 확대되면서 영국에 막대한 부를 쌓게 해주고 있다. 그러므로 지금 선진 각국은 이 문화의 힘을 살리는 데 진력하고 있는 것이다. 이에 따라 세계의 문화산업은 일반 경제 성장보다 훨씬 더 높은 비율로 커져가고 있는 추세이다. 우리 정부도 다양한 문화산업을 획기적으로 발전시킬 수 있는 쪽으로 정책의 중심을 옮겨야, 미래에 선진 각국과 어깨를 나란히 할 수 있고, 오늘의 위기를 극복할 수 있을 것이다.(2008. 11. 27.)

5

공동체 의식과 교육

교육이란 사람의
미래에 관여하는 일

입시 시즌이다. 대학 입학시험이건만, 고교생 학부모는 물론 중학생, 초등학생, 심지어 아직 학교에 들어가지 않은 어린이 부모들까지 커다란 관심들을 보이고 있다. 이러한 교육열로 인하여 대한민국이 이만큼 발전해왔을 것이다. 그러나 최근의 열풍 속에서 우리는 주객이 전도되어 있는 현상들을 종종 접하게 된다.

이제는 중앙 일간지에서도 입시를 주요 이슈로 삼고 있고, 심지어 그 성공을 위한 안내 기사를 연재하기도 한다. 모든 행위의 기준이 입시가 되어 버렸다. 예를 들면, 대학 입시 논술을 위하여 고전을 읽어야 한다고 권한다. 삶의 질 향상이나 교양을 위한 것이 아니라 입시에 유리하니 읽으라는 것이다. 불리하면 읽을 필요가 없다는 뜻이겠다. 그러니 입시에 별로 도움이 안 된다고 하여, 우리 역사를 소홀히 하고 어릴 때부터 국어보다 영어를 더 중요하게 가르치고 있지 않은가.

배움과 깨달음이라는 교육 본래의 즐거움을 찾아야

이 과정에서 배움과 깨달음이라는 교육 본래의 의미와 즐거움은 찾기 어려워지고 있다. 가끔 중고교에서 전교 수석을 다투는 학생들을 만나 공부가 지겹고 학교가 재미없다는 이야기를 들을 때면 암담한 생각이 든다. 정말로 모든 학생을 불행으로 내모는 것이 우리 교육의 현실이 아닌가 싶다.

또한, 사회봉사가 내신 성적이나 대학 입시에 유리하다고 하니까, 부모가 대신 참여해주기도 하고, 일부 학부모들은 관련 단체에 기부금을 내고 봉사증명서를 요구하기도 한다. 그런 증명서가 입시에 도움은 될지 몰라도 그 학생 개인으로는 중요한 기회를 놓치게 만든다. 남을 봉사할 때에 얻는 즐거움

말이다.

교육이란 무엇일까. 전 국민이 교육 전문가라고 자처하는 요즘, 새삼 교육의 의미를 묻고 싶다. 교육이란 사람의 미래에 관여하는 일, 부연한다면 미래를 살아가기 위한 능력을 길러주는 일이 아닐까. 그렇다면 미래를 위한 능력이란 어떤 것일까.

참된 교육은 공동체 의식을 키우는 일

첫째, 직업을 가질 수 있는 능력이다. 현대 사회에서 스스로의 힘으로 생계를 유지하고 부모로부터 독립해서 살아갈 수 있는 능력이다.

둘째, 생활을 즐길 수 있는 능력이다. 여가 생활이나 다양한 취미활동을 성인이 되기 전에 배울 수 있으면 바람직한 것이다. 이것은 요즘과 같은 고령화 사회를 위한 준비이기도 할 것이다.

셋째, 남을 위한 배려, 자신이 속한 공동체를 위하여 봉사할 수 있는 능력이다. 그 공동체가 크게는 민족이나 인류이고, 작게는 우리 지역, 우리 직장에서 가족으로까지 좁혀질 것이다. 모두 소중한 공동체이

므로 공동체 의식의 함양이야말로 교육의 본질일 것이다.

그렇다면 오늘날 어른들은 우리 아이들에게 이러한 능력을 키워주고 있는 것일까. 그 반대편으로 억지로 끌고 가고 있는 것은 아닐까 반성해 보아야 할 것 같다.(2006. 11. 30.)

교육의 본질은
잠재능력 개발*

요즘 새삼 교육의 본질을 생각게 된다. 학교는 죽었
고 교실은 붕괴되었으며, 학생들은 학원으로 몰린다
고 한다. 그것도 중학생까지 과외수업을 받느라 학
교 수업 마치고 밤 11시까지 학원을 다니고 있다. 무
엇을 위한 교육인지 교육 현장에 있는 필자로서 안
타까운 마음을 금할 수 없다. 이번 방학 중에 바로
그런 남학생 조카와 두어 주 지내다 보니 교육 현장
의 모순이 더욱 현실감 있게 느껴졌다.

성적이 반에서 1, 2등인데도 항시 공부하라는 부

---

* 2004년 2월 7일 〈이천설봉신문〉에 '진정한 교육이란 무엇인가'라는 제
  목으로 실린 칼럼.

모의 잔소리에 시달리는 이 중학생은 필자의 집에 피신(?)을 온 것이다. 우리는 컴퓨터게임 2시간 이내로 하기, 텔레비전은 프로그램을 정해서 보기 등 간단한 규칙을 정해준 것 외에 일체의 잔소리를 하지 않고 일주일을 보냈다. 조카는 최대한의 자유를 만끽하며 무료한 시간에 TV나 만화를 보면서 지내더니, 그것도 싫증나자 일주일 후부터 스스로 공부에 몰두하기 시작하였다.

교육의 본질이란 한마디로 말하자면 잠재능력을 개발하는 것이라고 할 수 있다. 즉, 개인의 가능성을 최대로 끌어내는 일이다. 공부에 시달리다 잠시 해방된 이 중학생을 보면서 잠재능력 개발의 방식이 새삼 떠올랐다.

그것은 첫째, 인간에 대한 신뢰이다. 피교육자를 무조건 믿어주는 일이다. 잔소리하지 말고 믿고 기다릴 줄 아는 인내가 필요하다. 이 인내력을 발휘하기는 피교육자와 가까운 사이일수록 어렵다. 그래서 부모나 배우자가 선생 노릇하기 더 힘들다고 한다.

둘째, 자율적으로 만드는 일이다. 좋아하는 일도

5. 공동체 의식과 교육

멍석을 깔아놓고 강요하면 하기 싫어지는 법이다. 하물며, 직접 가르치지도 않으면서 자녀를 공부하라고 몰아세우는 것은 어리석은 방법이다. 학원 등의 타율적인 학습방법에 익숙해진 학생들은 대학에 들어가서 제대로 공부하지 못하는 학생들이 많다는 연구 결과가 최근 나온 바 있다. 대학에서 제대로 실력을 쌓고 자신의 능력을 키우지 못한다면 아무리 유명한 대학에 들어갔다 한들, 사회에 나와 유능한 사람이 되기는 어려울 것이다.

자율성은 현재를 보지 않고 미래를 보아야 하기 때문에 초중고교 과정에서 빠뜨려서는 안될 덕목이다. 공부만이 아니라 실생활에서 자율성을 키울 수 있도록 어려서부터 습관을 들여놓는 것이 중요하다고 생각한다. 우리 부부가 집을 비운 날은 조카에게 용돈을 주면서 점심을 사먹든지 냉장고에 있는 먹거리를 활용하든지 알아서 하라고 했더니, 스스로 볶음밥과 라볶기 등을 만들어 먹고 용돈을 절약하는 것을 보았다.

공부도 그렇다. 조카가 처음에는 영어 공부하면

서 고모에게 모르는 단어를 일일이 물어보았다. 한번은 'cut off'라는 단어를 묻기에, 사전을 찾아보라고 말해주었다. 거기 나오는 네 가지 뜻 중에 어느 것이 그 문장에 적합한 것인지 생각해보라고 했다. 남에게 물어보면, 그것을 맞추었을 때의 즐거움을 포기하는 것이다. 머리가 나쁜 아이는 사전을 찾고도 어느 뜻이 적합한지 알아내지 못한다. 그런 아이는 단어 뜻을 아예 미리 가르쳐주는 게 낫다. 하지만 머리 좋은 아이는 적합한 뜻을 찾아내는 즐거움을 안다. 이런 얘기를 하자, 조카는 스스로 단어를 찾기 시작했고, 해보더니 재미있다고 했다. 나는 단어를 몇백 개 외우는 것보다 사전 찾는 재미를 붙인 것이 훨씬 큰 교육적 효과라 생각한다.

셋째, 생활이 즐거워야 한다. 이를 위해서는 무엇보다도 가정에서부터 자녀와의 커뮤니케이션이 이루어져야 한다. 또한, 대화를 통하여 우리는 새로운 시각으로 상대방을 이해할 수 있게 된다. 처음 며칠간은 조카애가 게으르고 소극적으로 보였는데, 서로 대화가 트이자 아이도 활발해지고 우리 역시 아이의 장점이 하나하나 눈에 뜨이기 시작했다.

이 어린 중학생을 보면서, 교육이란 대화를 통한 신뢰감의 토대 위에서 잠재능력을 끌어올리는 작업이라는 것을 새삼 확인하였다.

창의력이
미래사회를 만든다

한국의 대부분 학생들은 수업 시간에 기회를 주어도 발표나 질문을 하려고 하지 않는다. 조용히 강의를 듣고 가면 그것으로 만족하는 것이 전반적인 분위기이다. 필자는 강단에 선 이후 이것을 개선하고자 토론수업, 조별 활동, 역할 게임 등 여러 방법을 시도하여 다소 효과를 보기도 하지만, 학생들로부터 부담스럽다는 이야기도 듣고 있다.

강의 시간에 질문이 별로 없는 것은 대학원 수업에서도 마찬가지이다. 하기야 어릴 때부터 받아온 교육 습관이 대학원생이 된다고 해서 달라지지는 않을 것이다. 어디 그뿐이랴. 국정을 총괄한다는 국무회의나 국회에서도 마찬가지 아닌가. 최근에는 약간 달라졌다고도 하지만, 몇 년 전 일로 기억되는데, 국무회의에서 활발한 의견 개진은커녕 대통령의 이야기를 그대로 노트에 기록하기에 바쁜 장관들의 모습이 구차하게 보여 한때 국무회의 시간에 받아 적지 말라는 지적이 나올 정도였다.

국회의 국정 감사나 대정부 질문에서도 침묵하는 의원이 많고, 질문시간을 상대방이 알아들을 수 없는 횡설수설이나 자기 과시용 연설로 채우는 의원, 질문 후 답변을 듣지 않고 나가버리는 의원 등이 수두룩하다는 사실은 언론 보도를 통해서 익히 알고 있다.

질문은 상대가 있어 상대방을 바라보며 묻는 행위이다. 이때 바라봄은 너(상대방)와 내가 정서를 공유하기 위한 일차적인 노력이고, 질문은 너와 내가 생각과 앎을 함께 나누기 위한 공동 작업이다. 이러한 질문은 학교 교육, 특히 지식과 정보를 산업의 동력으로 삼고 있는 정보화시대의 교육에서 무엇보다 중요시되어야 할 요소이다.

또한, 수업에서의 질문은 강의에 집중하고 있다는

증거로서 스승에 대한 예의 표시이기도 하지만, 동시에 스승을 긴장시키는 감시 표시이기도 하다. 이는 학생의 의무이자 권리인 것이다. 질문 없이 어디에서 주관이 생기고 창조적인 사고방식이 가능하겠는가.

마침 올 여름 방학 때 일본을 방문하여 서점을 둘러보던 중, 이런 내 생각을 알아낸 것 같은 서적 한 권을 발견하였다. 그것은 질문 능력을 강화하는 책이었다. 이미 일본에는 두뇌를 좋게 하는 법, 학습법, 기억술, 메모의 기술, 생각의 도구 등에 관한 책들이 다수 나와 있고 이중 상당수가 우리말로 번역 소개된 바 있지만, 이제는 『질문력(質問力)』이라는 제목의 책까지 나온 것이다.

질문 능력이라……. 제목부터 손길이 가게 만드는 책이었다. 이 책은 질문을 커뮤니케이션의 핵심적인 요소로 파악하고 있는데, 사람의 자질을 일순간에 알아내는 질문, 머리를 정리해주는 질문, 상대방으로부터 공감을 끌어내는 질문, 창조적인 질문능력 등에 관하여 예를 들어가며 제시해주고 있다. 이 외에도 질문에 관한 책이 몇 권 더 있었는데, 『질문력』

은 대형서점의 종합 베스트셀러 순위에 올라 있어
놀라웠다.

　일본이 최근에는 장기간의 경제적 불황기를 빠져
나오지 못하고 있지만, 정보화시대에 발상의 전환을
가능케 해줄 이러한 서적 출간이 활발한 사실을 확
인하고 새삼 일본의 저력을 느낀다. 하긴, 평범한 기
업체 연구소 직원이 노벨상을 타는 나라가 아닌가.
　반면에, 한국은 치열한 교육열에도 불구하고 창조
성이 중시되는 세계 무대에서는 번번이 뒷전이었다.
이런 상황에서 최근 교육 개혁이 시급한 화두로 등
장하고 있지만, 우선 눈앞의 당면 문제로 질문의 중
요성을 인식케 하는 새로운 수업 방식을 다각도로
모색해야 할 것이다. 동시에 가정에서도 질문할 줄
아는 자녀를 길러내는 분위기를 만들어주어야 할 것
이다.
　우리 아이가 배운 것을 암기해서 성적을 얼마나
올렸는가 하는 문제에만 집착하지 말고, 오늘 학교
에서 어떤 질문을 하였고, 수업시간에 독특한 생각을

발표한 적이 있는지 관심을 보여주어야 할 것이다. 이것은 학생의 주체적인 학습 능력을 키워주는 일이 될 뿐만 아니라, 창의적인 능력을 개발시켜 미래 사회의 주역이 될 수 있는 가능성을 높여주는 일이 될 것이다.(2003. 9. 27.)

Why형 사고와
미래의 지도자

희망의 봄을 맞아 새 학기의 수업이 시작된다. 수업이란 스승과 제자와의 지적 교류 또는 정신적 교감이다. 그러나 우리 현실은 사뭇 다르다. 학생들은 수업 시간에 질문을 하지 않는다. 강의 말미에 '질문 있느냐'고 하면 대부분 책과 노트를 덮는다.

질문할 때 두뇌가 가장 활성화된다

1960, 70년대 내 학창 시절을 돌아보면, 수업에서 질의응답이 제법 오간 것 같다. 한번은 국어시간에 내가 15번이나 질문한 적이 있다. 그때 선생님은 꼬리에 꼬리를 물고 이어지는 어린 학생의 질문에 하나 하나 차분하게 응답해주셨고, 학생들도 호기심 있게 지켜

보았다. 그래서 국어에 더욱 흥미를 갖게 된 것 같다.

그런데, 최근 두뇌 연구에서 질문에 관하여 중요한 사실이 발견되었다. 언제 두뇌가 활성화되는지 학자들이 연구한 결과, 컴퓨터 게임이나 수동적인 텔레비전 시청시 두뇌 활성화의 정도가 제일 낮았다. 책 읽을 때 그 정도가 다소 높았고, 질문에 대답을 할 때 더 높아졌으며, 스스로 질문할 때 가장 높아졌다고 한다.

따라서, 질문하라고 할 때, 책을 덮는 행위는 '나는 그냥 머리 나쁜 채로 살고 싶어요.' 하는 어리석은 행위가 아닐 수 없다. 그러면서도 성적을 올리겠다는 것은 나무숲에서 물고기를 구하는 격이다.

질문을 한다는 것은 '왜(Why)'를 따지는 행위이다. 암기식 교육은 주어진 답이 '무엇(What)'인지에 대해서 관심을 갖는다. 일본의 경영 컨설턴트인 호소야 이사오는『Why형 사고』라는 책에서 인간 사고를 What형 사고방식과 Why형 사고방식으로 구분하여 그 특성을 4가지로 제시한 바 있다.

첫째, What형 사고방식은 현재 상태를 답습하려

하고, Why형 사고방식은 이를 부정하려 한다. 둘째, What형 사고방식은 타인이나 타사의 사례와 비슷하게 만들기 위한 것이지만, Why형 사고방식은 비슷하지 않게 하기 위한 것이다. 셋째, What형 사고방식은 문제 해결이 당장 주어진 문제에 답을 주는 것이지만, Why형 사고방식은 문제 자체를 발견하고 새롭게 정의함으로써 해결하는 것이다. 넷째, What형 사고방식의 사람은 마지못해 질문하지만, Why형 사고방식의 사람은 적극적으로 질문한다.

Why형 교육은 지식의 양을 증대시키는 것이 아니라 생각하게 하는 것

그러고 보면 우리 수업 방식은 철저하게 What형 사고방식에 젖어 있음을 알 수 있다. 이것을 Why형 사고방식으로 바꾸는 가장 효과적인 교육 방법은 결국 질문 행위를 즐겁게 만들어 주는 일이다.

교사는 수업 중 학생들이 엉뚱한 질문을 해도 일단 '좋은 질문'이라고 격려해주어야 한다. 호소야는 Why형 교육에 대해서도 언급한 바 있다. Why형 교육의 목표는 지식의 양을 증대시키는 것이 아니라 생각하게 하는 것이다. 또한 모범 답안이 있지 않고 평가 척도도 하나가 아니라 여럿이 된다.

우리 교육의 척도는 오직 하나, 점수 따기로 몰려 있다. 대학 졸업 후 진출 분야도 의사나 공무원으로만 몰리고 있다. 그렇다면 신기술을 개발하고 새로운 발명을 하며 민족문화를 창달하는 일은 누가 하란 말인가.

Why형 교육에서는 좋은 지도자의 조건도 화술이 좋은 사람이 아니라 잘 듣는 사람이다. 잘 들으려면 좋은 질문을 할 줄 알아야 한다. 좋은 질문이란 상대방이 하고 싶은 이야기를 하게끔 유도해주는 질문이다. 말하자면 커뮤니케이션이 일방향이 아니라 쌍방향으로 흘러야 하는 것이다. 최근 소통 부재 정부라는 비판을 듣고 있는데, 현재의 정책 담당자들도 Why형 사고방식과 교육 정신을 배워야 할 것이다. 우리가 미래의 좋은 지도자를 기대한다면, 지금부터 질문할 줄 아는 인재들을 키워내야 할 것이다.(2011. 2. 24.)

입시 중심의
교육이 놓치는 것들*

한국 사교육의 비정상적인 열풍이 어제 오늘 일은 아니지만, 최근 그 도가 지나치지 않나 생각한다. 이제 정부까지 나서서 공영 방송으로 과외를 한다 하고, 학원에서 하던 보충수업을 방과 후 학교에서 대신하겠다고 정책을 발표하였다. 그렇게 해서 아이들에게 도대체 무엇을 가르치고 어떤 사람으로 키우겠다는 것인지 알 수 없는 노릇이다. 따지고 보면 대학입시 준비가 교육정책의 중심이 된 지는 오래되었지만 이젠 아주 공식으로 인정한 셈이다.

그런데 더 큰 문제는 대학입시 준비를 중·고교생

---

* 월간 〈동화읽는어른〉, 2004년 5월.

만이 아니라 더 어린 초등학생 때부터 한다는 점이다. 이른바 선행학습의 열풍이다. 고교 2학년 학생이 3학년 것을, 고교 1학년 학생은 2학년 과정을 배우고 점점 내려가더니, 초등학생들은 중학과정을 미리 공부하려 하고 있다.

그러나 이런 것은 모두 암기 위주 주입식 교육에 불과할 뿐, 인격 도야는 물론 정보나 지식의 전수와도 관련이 없다고 볼 수 있다. 이런 입시 위주 교육 때문에 우리 어른들은 초등학생이나 중학생의 교육에서 중요한 것들을 놓치고 있지 않은지 반성해보아야 할 것이다. 놓치는 것이 많겠지만, 나는 먼저 두 가지를 들고 싶다.

첫째, 어린이들의 건강한 자신감이다. 어릴 때부터 경쟁하지 않으면 살아남을 수 없다는 인식이 잠재의식으로 깊이 새겨지게 되어 마음에서 여유를 잃게 된다. 이것은 공부를 잘하는 학생이나 못하는 학생이나 마찬가지인데, 오히려 잘하는 학생일수록 무언가에 쫓긴다는 생각 때문에 더 불안감을 지니게 된다. 성적은 1등인데도 일상생활에서 소극적이며 대인관계에 자신이 없고 심지어 자신의 장래 희망마저 희미한 학생들을 주변에서 많이 보고 있어 참으로 안타깝다.

둘째, 상대방에 대한 배려이다. 교육을 많이 받으면 받을수록, 공부를 잘할수록 이런 덕성이 높아져야 하는데 전혀 관계가 없다. 대학생이 될 때까지 인사하는 습관 하나 갖추지 못하는 것이 우리 교육의 실정이다. 어떤 교수가 윤리 교양 과목 숙제로 어른 백 명에게 인사한 다음, 그 소감을 적어 내라고 한 경우가 있었다. 그때 학생들은 한결같이 인사를 하고 다니니 처음에는 어색했는데, 수십 번 하고 나니 인사하는 자신들이 그렇게 즐겁더라는 것이다. 이런 삶의 즐거움을 억지로 망각하게 해준 것이 우리 교육이 아니었나 생각한다.

교육에서 자신감과 상대방에 대한 배려의 중요성은 국가의 차원으로 넓혀 보아도 마찬가지다. 따라서 우리가 어린이들에게 심어 주어야 할 것은 첫째는 민족의 자존심을 갖게 해주는 일이요, 둘째는 외국과 공존하며 평화를 유지하는 일이라고 생각한다. 개인에게 자신감이 있어야 하는 것처럼 국가적으로는 민족의 자존심을 심어주어야 할 것이다. 이것은 물론 경제나 국방력보다는 문화적 자부심을 통한 민족의 정체성 확인과 연결되는 작업일 것이다.

그러나 민족적 자존심이 상대방에 대한 배타로 나타나서는 곤란할 것이다. 국가 경쟁력에 대한 강조가 배타로 흘러서 국가 간의 갈등, 나아가 테러나 전쟁으로 비화되어서는 안 될 것이다. 이러한 전쟁이 국가 안보라는 명분을 쓰고 오늘도 중동 지역에서 벌어지고 있고, 또 우리까지 거기에 가세하고 있지만, 어린이들에게까지 이런 사고방식을 물려주는 교육을 해서는 안 될 것이다. 개인 차원에서 남들에게 인사하니 즐겁더라는 깨달음이 국제적 차원으로까지 확장될 수 있는 교육을 지향해야 할 것이다.

5. 공동체 의식과 교육

신문, 6개월만 읽으면
세상이 보인다[*]

현대인들은 매스미디어의 세계 속에서 살고 있다. 직업이나 교육 수준에 관계없이 남녀노소 가릴 것 없이 모든 사람들의 일상에 매스미디어가 깊이 스며든 지오래 되었다. 매스미디어 중에서 대표적인 매체인 신문은 뉴스의 전달에 그치지 않고 모든 지식과 정보를 종합 정리하여 독자에게 알기 쉽게 알려 주는 역할을 한다. 신문에 나오는 지식과 정보는 전문 학자들의 연구 논문이나 학술 보고서와 달리, 항상 현재의 시점에서 새롭게 해석하여 일반인들의 수준에 맞도록 재가공되어 나오는 것이다. 또한, 특별한 연구

* 2008년 11월 28일 〈동원학보〉 제63호.

성과가 있을 때라야 나오는 연구 논문과 달리, 신문은 규칙적으로 연속해서 발행된다.

신문의 중요성은 현대 정보화사회에서 더 커졌다고 볼 수 있다. 예전에 비하여 엄청나게 늘어난 정보를 신속하고 체계적으로 받아들이는 데에 신문만큼 유용한 수단은 없을 것이다. 방송은 영향력이 크고 신속하기는 하나 그 정보량이 제한적일 수밖에 없다. 우리가 같은 시간을 썼을 때 얻게 되는 정보량도 방송은 신문에 비하면 큰 차이가 난다.

텔레비전 하나에 의존해서 정보를 얻는 경우와 텔레비전, 신문, 잡지 등을 고루 이용하는 경우, 처음에는 정보량의 차이가 미미하지만, 시간이 지날수록 그 격차는 현격하게 벌어질 것이다. 따라서 정보화사회에서 유능한 인재가 되려면 대학 시절부터 방송, 신문, 잡지 등을 종합적으로 활용하여 지식과 정보를 얻는 습관을 들여야 할 것이다.

물론 신문이 주요 대상으로 삼는 독자는 일반인이지 전문가는 아닐 것이다. 그러나 신문에는 시사, 정보, 지식, 학술, 문화, 연예, 오락 등 모든 분야를 담

5. 공동체 의식과 교육

아내고 있기 때문에 신문을 꾸준히 읽는 것은 전문가들에게도 큰 도움이 되고 있다. 아니, 신문 읽기는 전문가가 되는 지름길이기도 하다. 전문가들은 이렇게 권한다. "관심 있는 특정 부문을 정하여 3년 동안 꾸준히 신문 기사를 읽고 스크랩한다면 그 사람은 전문가가 될 수 있다." 이것을 실천하여, 전문가로 대접받으며 바쁘게 살아가는 분들을 필자는 알고 있다.

신문은 또한 글쓰기의 유용한 교재가 된다. 학생들에게 권하는 훈련 방법을 3단계로 나누어 간략히 소개할까 한다.

훈련의 1단계는 매일 신문을 읽으며 좋은 글이나 기사를 가려내는 연습이다. 글의 내용이 자신에게 감동, 정보, 흥미 등을 주고 있는지 판단하고, 문장이 잘 읽히는지 살펴보는 것이다. 훈련의 2단계는 이렇게 골라낸 기사를 필사하는 작업이다. 컴퓨터시대에 "무슨 글씨 쓰기냐?"고 할지 모르지만, 좋은 글 베껴쓰기는 문장력을 키우는 가장 빠른 방법이다. 훈련의 3단계는 자신이 쓴 글을 1단계에서 가려 뽑은 글과 비교하여 스스로 평가하는 일이다.

대학생 정도의 실력이라면 6개월 정도의 연습 후에는 문장력에 자신감이 생기고 글쓰기가 즐거워질 것이다. 특히 신문 읽기를 통하여 세계에 대한 안목이 놀랍게 성장했기 때문에 어떤 분야든지 관계없이 유능한 전문가로 성장하는 데 커다란 도움을 얻게 될 것이다.

저술의
대중화

지난 4월 9일 친구의 시집 출판 기념회를 다녀왔다.
그 친구는 경주에서 목회하고 있는데, 틈틈이 시를
쓴 것이 A4용지로 거의 1,000장에 달하였다. 나는 시
집 낼 것을 권유하고 직접 100장씩을 가려 뽑아 아
는 출판사에 보냈다. 곧이어 아름다운 시집이 두 권
나오게 되었는데, 한 권은 경주 관련 시와 서정시를
추린 것이고, 한 권은 신앙과 목회 관련 시들을 가려
뽑은 것이다. 기성 시인이나 목회자들의 글과는 달리
진솔한 표현들이 가득 차 있어 널리 읽히고 싶다는
생각이 들었다.

친구는 이러한 시를 쓰면서 삶의 어려움을 극복할
힘을 얻었고 자기 치유를 할 수 있었다고 한다. 하긴

고난 속에서 탄생한 위대한 작품이나 저술들은 동서
고금을 막론하고 보편적으로 존재하고 있지 않은가.
그의 시집 두 권을 보며 새삼스레 글의 힘을 깨닫게
되었다.

이번 일을 통하여 보다 많은 사람들이 고난 극복
과 자기 치유를 가능케 하는 글쓰기 작업을 함으로
써 자신의 저서를 가질 수 있게 되었으면 좋겠다는
생각을 하게 되었다. 나는 현재 대학에서 학생들을
가르치며 연구 중심의 학자로 살기를 원하고 있는
사람이다. 그런데 대학에 오기 전에는 출판사에서 책
의 기획·편집을 하면서 주로 수많은 원고를 거절하
는 일을 해왔던 것 같다. 물론 거절의 이유는 다양했
지만, 이제는 관점을 달리하려 한다.

원고를 볼 때, 문인이나 연구자들을 위한 문학성
이나 학문 성과보다는 시민이나 공동체 구성원들의
삶에 얼마나 기여할 것인가가 더 중요하다는 생각이
든다. 구체적으로 경주 관련 시집이라면 경주의 지역
문화에 기여할 것인가, 신앙시집이라면 목회자나 신
도들의 신앙 활동에 도움이 될 수 있느냐 하는 점을

우선적으로 고려해야 할 것 같다.

앞으로 책의 출간 기준을 이렇게 바꾸면서 저술의 대중화를 이룩해야 하지 않을까 생각해본다. 저술의 대중화는 모든 사람에게 글쓰기를 장려하고 편집을 통해서 가치 있는 한 권의 책으로 만들어내는 일을 의미한다. 모든 위대한 종교 경전이나 우리가 읽는 역사책은 바로 이러한 편집 과정 속에서 우러나온 것이다.

타고르는 "모든 어린이는 신의 메시지를 갖고 태어난다."고 말한 바 있다. 모든 사람은 성장하고 사회생활을 하면서 각자의 메시지를 더욱더 선명하게 만들어내야 할 것이다. 이러한 작업에서 글쓰기는 자신도 몰랐던 놀라운 힘을 발휘하게 해준다. 그래서 모든 사람이 저술가가 될 수 있어야 한다는 생각을 해본다. 물론 자신들의 삶을 왜곡, 과장, 미화하는 방편을 위한 저술 작업은 제외해야 할 것이다.

저술의 대중화란 우리 모두가 문화 시민으로 살아가자는 취지이다. 문화 시민이란 각자가 삶의 질을 높이면서 자신이 속한 공동체 전체의 행복지수를 올리는 일에 기여하는 존재일 것이다. 국가 정책도 경제, 안보, 국방 등보다 문화를 중시하는 방향으로 나아가야겠지만, 그보다 중요한 것은 국민 개개인이 문화 시민의식을 갖고 살아가는 일이다. 이러한 문화 시민의식을 높이는 일에 저술과 편집 작업은 매우 효과적으로 작용할 것이다.

물론 처음부터 전 국민을 대상으로 저술의 대중화를 이루기는 쉽지 않을 것이다. 경험이 많은 전문 직업인이나 지식인 그룹에서 먼저 시작할 수 있을 것이다. 주위를 살펴보니, 남들이 보기에 전문가이고 여유 있게 살고 있다고 생각되는 사람들 중에도 의외로 외롭고 자존감이 부족한 경우가 많은 것을 느끼게 되었다. 이들에게 저술 작업을 장려한다면, 출판 문화의 발전과 함께 국민들의 행복지수를 높이는 데에 크게 기여할 수 있을 것이다. 지방자치단체에서도 문화 복지와 지역문화 발전의 차원에서 저술 작업을 위한 주민 교육과 지원에 힘을 쏟아야 할 것이다. (2015. 4. 16.)

5. 공동체 의식과 교육

6

동아시아 문화공동체의 비전

인류애와
평화의 메시지*

지난 3월 20일 이후 신문과 방송은 이라크 전쟁 기사로 채워지고 있다. 미군과 영국군은 최첨단 무기로 연일 이라크를 공격하고 있는데, 과거와는 달리 유엔 결의라는 절차도 거치지 않고 시행되고 있다. 심지어 개전 직후, 후세인이 망명하더라도 이라크로 진격하겠다는 미국의 발표는 스스로 내세운 전쟁의 목적과 명분 자체와도 모순되는 것이다. 우리 방송들이 미국의 속셈은 이라크의 석유 이권 확보에 있다고 보도할 정도로 그 의도가 드러나고 있다. 또한 미국의 군

---

* 2003년 4월 12일 〈이천설봉신문〉에 '인류의 정신배양은 사랑으로부터'라는 제목으로 실린 칼럼.

수업체 창고에 가득 쌓여 있는 재고 무기들의 처분을 위해서라는 지적도 있다. 아버지 부시 때부터 형성되어온 미국 지도부와 후세인 정부의 악연 때문이라는 분석도 나온다. 이 전쟁이 언제 어떻게 끝나느냐에 따라 세계 경제의 명암이 갈린다는 말들이 들려온다.

그러나 이러저러한 분석이나 논평보다도 이 전쟁 뉴스를 텔레비전으로 보면서 필자의 머릿속에 제일 먼저 그려진 영상은 피난 가거나 방공호 속으로 숨으러 들어가는 이라크 국민들의 모습이다. 그 모습은 바로 50여 년 전 우리가 겪은 6.25전쟁에서 피난 가던 국민들의 참상과 겹쳐진다. 그러고 보면 이라크 국민은 한국의 6.25전쟁과 같은 시련을 12년 전의 걸프전에 이어 또다시 당하고 있는 셈이다.

최근 이라크전쟁 지지 및 파병을 주제로 논쟁이 벌어지면서 그 근거로 국익이 제시되었다. 향후 이러한 논의는 파병뿐만 아니라 우리의 다양한 안보 및 경제 관련 분야에서 제기될 수 있는 문제라 생각되기 때문에, 필자는 여기에서 국익의 개념을 새로이 생각해봄으로써, 미래의 논의에 도움이 되었으면 한다. 그동안 국익이란 다른 나라를 제치고 자국의 이익을 추구하는 것으로 이해된 바 있다. 외국의 안전이나 이해관계는 거의 무시되던 상황이었다. 말하자면, 배타적 국익이라 할 수 있다. 우선 미국이 이라크를 공격하는 것이 자국민의 지지를 받아 이루어지고 있다고 하니, 이야말로 철저한 배타적 국익의 표현이 아닌가. 우리 국회에서 의결했다는 파병 결정의 논리적 근거도 결국은 배타적 국익의 표현과 무엇이 다른 것인가. 배타적 국익은 국가적 갈등과 충돌을 부를 것이고 커질 경우, 전쟁으로까지 발전하는 것이다. 최근의 이라크전쟁 역시 그 단적인 예에 지나지 않는다고 볼 수 있다. 배타적 국익은 원칙의 면에서도 잘못이지만, 각국의 이해관계가 얽히고설켜 있는 현대 사회에서는 현실적인 효과면에서도 이익이 아니라 국가적 손실로 귀결될 것이다. 더욱이 배타적 국익의 극대화는 인류의 공멸을 부를 수밖에 없을 터인데, 이는 첨단 무기의 무한한 파괴력에서 여실히 느낄 수 있을 것이다.

이럴 때, 이 전쟁의 시기에 연상되는 것은 인도의 간디이다. 전 생애를 통하여 진리와 비폭력만을 추구했던 간디는 좋은 목적을 이루기 위하여 사악한 수단을 사용하는 것을 용납하지 않았다. 또한 개인적으로는 도덕적인 존재가 집단을 위해서는 살인과 같은 비도덕적인 행위를 자행하는 일, 말하자면 도덕적 개인과 비도덕적 집단이라는 이분법을 받아들이지 않았다. 간디는 인도라는 집단을 통하여 진리와 선을 이루고자 한 것이다. 이것이 그가 비폭력을 독립운동에 적용한 원리이다. 어디 인도의 간디뿐이겠는가. 우리가 본받아야 할 고귀한 정신은 현대의 한국 사회에도 그대로 있다. 바로 백범 김구가 그 인물이다. 비록 그의 정신이 해방 이후 우리의 정치적 현실 속에서 구체화되지 못하고 암살로 끝나고 말았지만, 평생을 조국 독립과 자주적인 통일 국가 건설을 위하여 헌신한 그의 노력은 현재까지도 한국 현대사의 귀감으로 남아 있다.

한국이 부강한 나라가 아니라 아름다운 나라가 되기를 소망했던 김구는 '우리의 소원'이라는 글에서 인류애의 정신을 이렇게 밝힌 바 있다.

"내가 남의 침략에 가슴이 아팠으니, 내 나라가 남을 침략하는 것을 원치 아니한다. 인류가 현재에 불행한 근본 이유는, 사랑이 부족한 때문이다. 인류의 정신을 배양하는 것은 오직 문화이다. 나는 우리나라가 남의 것을 모방하는 나라가 되지 말고, 이러한 높고 새로운 문화의 근원이 되고, 목표가 되고, 모범이 되기를 원한다. 그래서 진정한 세계의 평화가 우리나라에서, 우리나라로 말미암아서 세계에 실현되기를 원한다."

반세기도 더 전에 그가 제시한 이와 같은 주장은 살벌한 전쟁의 한가운데에 있는 오늘날에도 전 세계로 울려 퍼져야 할 반전과 평화의 메시지로 부족함이 없을 것이다.

2012년 2월의
일본과 한류

지난 2월 23일 3박4일 일정으로 일본 도쿄를 다녀왔다. 일본은 학생들 인솔이나 자료 수집 때문에 자주 가는 편인데, 작년 3월 11일 후쿠시마 대지진 이후에는 처음 가보는 것이다. 그런데 거리풍경이나 상점 또는 사람들의 표정이나 활기는 그전과 달라진 것을 별로 느끼지 못했다. 오히려 평일 저녁인데도 번화가 신주쿠에는 예전보다 더 많은 인파가 몰려든 것 같았고, 실내 온도도 매우 높게 난방을 해서 에너지를 더 소비한다는 느낌이 들었다.

대지진 참사의 흔적은 책방의 서적들 속에서도 보였다. 대지진 참상을 찍은 사진집과 당시 기록물들이 단행본이나 잡지 부록으로 나왔고, 살아남은 증인들의 진실 고백, 미디어 보도 방식 등을 분석한 출판물도 등장했다. 대지진과 관련된 교훈이나 미래 전망을 제시한 책들도 서점 진열대 한복판에 있었다. 특히, 『일본 대재해의 교훈』은 영어, 중국어, 한국어로도 동시에 출판되었는데, '대지진의 교훈을 세계에 보내는 것은 일본인으로서 세계에 대한 도리'라고 밝히고 있다.

아울러, 과거 제2차 세계대전 당시 일본의 실패를 환기하는 책자 『일본국의 실패의 본질』이 대지진 관련 책들 옆에 나란히 전시되어 있었다. '태평양전쟁 주요작전 실패의 궤적'이라고 소개되어 있는 이 책자는 〈중앙공론〉 2012년 1월호 별책 부록으로 나온 것이다. 일부 언론에서는 일본 정부가 2차 대전이 끝날 때까지도 불리한 전쟁 상황을 일부러 감추고 국민들을 속였는데, 지난해의 대지진 참사에 대한 사후대책에서도 같은 태도를 보였다고 비판한 바 있다.

하지만, 이러한 과거 행적에 대한 평가보다는 일본의 미래를 전망하는 책들이 더 많았다. 예를 들면, 『일본의 미래에 대한 이야기』는 지진 이후 일본 재생을 위한 제언을 담고 있는데, 세계를 리드하는 일본과 서구의 명사 65인이 필자로 참여하고 있다. 또 다른 책『초선진국 일본이 세계를 이끈다』는 원로 평론가가 쓴 것인데, 대지진 후의 새로운 조류를 설명하고 일본이 탈근대를 리드한다고 주장한다.

이와 함께, 일본 대지진 피해 국복 과정에서 자신의 목소리를 내며 구호 사업에도 크게 기여한 교포 사업가 손정의의 전기(孫正義 傳)와 그의 발언을 해석한『손정의 명어록』이 베스트셀러 진열대에 놓여 있었다. 그 어록집은 손정의의 명언으로부터 성공 철학을 읽는 해석'이라는 부제를 달고 있는데, 다음 구절이 눈에 들어온다. "성공하는 자와 실패하는 자의 차이는 두뇌의 차이보다 성격의 차이가 크다.", "현상유지는 상대적으로 퇴보다. 왜냐하면 그동안 다른 인류는 진화할 것이기 때문이다."

베스트셀러 코너에는 북한 김정일의 장남 김정남의 구술을 토대로 펴낸 단행본『부(父)·김정일과 나, 김정남 독점고백』이 큰 자리를 차지하고 있었다. 이 책의 엮은이는 '아버지 김정일과 나'를 주제로 7시간의 인터뷰와 이메일 150통의 교환 작업을 거쳐 책을 완성했다고 한다. 그 책 소개에는 "아버지는 엄격했어도 애정이 깊었다. 조부(김일성 주석)와 용모가 비슷하다고 해서 동생 정은이 어떻게 북조선 사람들을 만족시킬 수 있는가 의문이다"고 한 김정남의 발언을 담고 있다.

또한, 이번 짧은 일본 방문에서도 한류의 영향력을 볼 수 있었다. 전망대까지 설치되어 관광 명소의 하나로 일본이 자랑하는 후지텔레비전 본사의 5층 견학관에는 〈궁〉, 〈미남이시네요〉, 〈커피프린스 1호점〉 등 일본 방송국에서 방영되었던 드라마 포스터가 붙어 있었다. 케이팝(K-POP) 노래들도 여전히 인기를 끌고 있었다. 우리 아이가 인기 가수 '보이프렌드' 사진이 들어간 뱃지를 가슴에 달고 다니니, 일본인 공항 직원들이 반색을 하며 말을 걸었다.

〈아사히신문〉(2월 25일자)에는 일본산업을 소개하면서, 한국 요리 순두부를 기반으로 만든 라면이 등장하여 크게 인기를 끌고 있다는 기사가 나왔다.

책방에는 한류드라마의 인기시리즈와 관련하여

『알면 알수록 재미있는 조선 왕국 왕비들의 운명』,
『실록 조선왕조 이야기』 등 최근에 나온 책들이 쉽게
눈에 띄었다. 한국 문학 작품들도 다수 번역되어 한
코너를 차지하고 있는데, 황석영의 『오래된 정원』,
신경숙의 『외딴 방』, 공지영의 『우리들의 행복한 시
간』과 『즐거운 나의 집』 등을 쉽게 볼 수 있었다. 특
히, 『우리들의 행복한 시간』의 일본어 번역판은 3쇄
가 찍힌 책을 보았는데, 6만 부가 나갔다고 한다.

　방문한 때가 마친 일본 도립(都立)고등학교 입시
가 있던 주간이어서, 〈아사히신문〉(2월 24일자)에 그
입시 문제와 해답이 실려 있었다. '국어' 문제는 일
본 문장의 절반 정도를 차지하는 한자의 음과 뜻을
묻는 것이 많아, 한일 양국 학생들의 한자 실력이 크
게 차이가 날 수밖에 없다는 생각을 하게 되었다. 이
것은 '영어' 문제 수준이 한국과 비슷하게 느껴진 것
과 대비되는 현상이었다. '사회' 문제에는 대한민국
을 고르라는 문항이 나와 자세히 보게 되었다. 2008
년도 자동차 생산량 세계 상위 5개국인 미국, 대한민
국, 중국, 독일, 일본을 대상으로 각 나라의 자동차

생산대수, 산업별 취업인구 비중, 수출품 상위 3위권 품목, 일본의 수출·수입 총액에서 차지하는 해당 국가의 수출·수입액의 비중 등에 관한 통계를 1990년과 2008년 2개의 수치를 제시하고, 대한민국에 해당되는 통계는 어느 것인지 답하라는 문항이었다. 정답을 보니 2008년 382만 7천 대의 자동차를 생산했고, 제3차산업 인구가 68.2%로서 기계류, 자동차, 선박을 주로 수출한 것으로 나와 있는 네 번째 항이었는데, 바로 대한민국 통계였다. 이 문제는 연간 천만 대 이상 생산하는 자동차왕국 일본의 위상을 과시함과 동시에, 세계화시대 일본 학생들의 국제적 안목을 키워주기 위한 것이겠지만, 대한민국에 대한 관심이 커져 있음을 보여준다고 하겠다.

이번 방문에서 대지진의 위기를 넘어 다시 도약하려는 일본인들의 의지를 느꼈으며, 아울러 한류의 물결과 높아진 한국의 위상을 실감할 수 있었다.(2012. 3. 15.)

동아시아
문화공동체의 비전

지난 10월 24일과 25일 필자가 속해 있는 한국출판학회에서는 중국 편집학회와 일본 출판학회를 대표하는 학자들을 초청하여 국제출판학술회의를 서울에서 개최했다. 3개 국어 동시 통역으로 진행된 이회의의 주제는 '출판의 변화와 발전'이었는데, 한국, 중국, 일본 세 나라에서 각각 6명씩 모두 18인의 연구자가 논문을 발표하고 토론하는 시간을 가졌다.

오늘날 국제화의 흐름, 세계사의 물줄기는 이미 아시아로 향하고 있다. 아시아 중에서 한·중·일로 대표되는 동아시아가 바로 그 중심이다. 이러한 내용은 많은 학자들이 던지는 메시지에서 더욱 강하게 느꼈다. 중국 대표단 단장은 독서의 중요성을 화두로 내세우며, 현 중국 시진핑 주석이 "독서는 내 삶의 방식"이라고 했다는 발언을 당당하게 소개했다.

필자도 이제는 우리 지도자도 독서 대통령, 문화 대통령이 되어야 한다는 주장을 한 바 있다. 이번에 한국 학자들은 학술회의를 일회성 행사로 그치지 말고 국제출판학술협의체를 만들고 국제 출판학 저널을 창간하자는 제안을 했다. 일본 학자도 출판에 관하여 국가 간의 비교 연구를 하자는 제안을 했다. 모두 자신감에 찬 목소리이다.

이러한 학술회의에서 필자는 문화의 힘을 키워야 한다고 주장했다. "동아시아가 세계사의 흐름을 주도할 수 있는 역량이 있지만, 그 정치·외교적 상황은 갈등과 견제로 치달릴 때가 많다. 이러한 갈등을 풀 수 있는 것은 외교나 정치력이 아니라 문화의 힘일 것이다." 문화의 힘은 백범 김구 선생의 주장처럼 너와 내가 함께 행복과 번영을 누리기 위한 것이다. 이번 학술회의 주제인 '출판의 변화와 발전'도 이러한 문화의 힘을 키워, 갈등이 아닌 평화와 화합의 세계를 이룩하기 위함일 것이다.

동아시아 삼국은 찬란한 문화 전통을 공유해왔다. 이러한 전통을 현대에 되살리며 동아시아 문화 공동체를 이룩해야 한다는 생각을 이번에 새삼 하게 되었다. 출판계에서는 동아시아 공동의 저술 출판작업을 시도하여 의미 있는 성과물들을 내놓은 바 있고, 올해에도 한국, 중국, 일본, 대만의 출판인들이 국제출판포럼을 개최하여 '번역 공간으로서의 동아시아'를 주제로 토론을 하는 등 다양한 활동이 이어져 왔다.

동아시아 문화의 공통점은 오천 년 넘게 한자를 공통으로 사용해왔다는 점이다. 그러나 현재 중국, 일본, 한국, 대만에서 쓰이고 있는 한자는 나라마다 모양과 음이 크게 달라졌다. 얼마 전부터 한·중·일 지식인들이 모여 공동의 한자를 개발하고 함께 활용할 수 있는 방도를 찾자고 하였다. 이렇게 하여 올해 동아시아 공동 한자 808자를 정하였다. 한국에서는 벌써 한자 교재로 만들어져 시중에서 팔리고 있을 정도로 관심이 크다.

중국에서 한자는 수천 년 동안 광대한 대륙을 통

6. 동아시아 문화공동체의 비전

일하는 역할을 담당해왔다. 오늘날 한자는 다시 동아시아 문화 공동체를 이루는 하나의 매개로 작용할 수 있을 것이다. 그 외에 동아시아 문화공동체를 이루기 위한 몇 가지 제안을 하고자 한다.

동아시아 곧 한국, 중국, 일본, 대만 등은 유럽 국가들이 그러하듯 상호 무비자로 자유롭게 출입할 수 있도록 해야 한다. 특히, 대학생들에게 대폭적인 여행 경비 감면 등을 통하여 상호 여행 기회를 확대하고, 상대국 학생들에 대한 장학금을 확충하며, 대학 간 학점 교류 등을 장려하여 아시아 문화공동체가 청년들부터 이루어질 수 있도록 물꼬를 터 주어야 한다.

또한, 동아시아 학생들은 고교 때부터 정규 교과로 한국어, 중국어, 일본어 중에서 하나를 필수 외국어로 택하게 하여, 자국어를 포함 2개 국어를 습득하게 한다면, 이 학생들은 어디에서 누구를 만나든 자유로운 의사소통이 가능하여 동아시아 문화공동체의 실현을 앞당기게 될 것이다.

이러한 동아시아 교육·문화 공동체가 이루어지

게 되게 되면, 다른 아시아 국가는 물론 유럽이나 미주, 아프리카 등 세계 각국의 학생들이 몰려드는 시너지 효과를 한·중·일 삼국이 누릴 수 있을 것이다.(2014. 12. 28.)

지역사회와 민주주의를 말하다

초판 1쇄 발행 2017년 2월 17일

지은이 부길만
펴낸이 강수걸
편집장 권경옥
편집 정선재 윤은미 문윤호
디자인 권문경
펴낸곳 산지니
등록 2005년 2월 7일 제333-3370000251002005000001호
주소 부산시 해운대구 수영강변대로 140 BCC 613호
전화 051-504-7070 | 팩스 051-507-7543
홈페이지 www.sanzinibook.com
전자우편 sanzini@sanzinibook.com
블로그 http://sanzinibook.tistory.com

ISBN 978-89-6545-401-4 03070

* 책값은 뒤표지에 있습니다.
* 이 도서의 국립중앙도서관 출판예정도서목록(CIP)은 서지정보유통지원시스템
홈페이지(http://seoji.nl.go.kr)와 국가자료공동목록시스템(http://www.nl.go.kr/
kolisnet)에서 이용하실 수 있습니다.(CIP제어번호: CIP2017001250)

산지니에서 펴낸 책

정치 · 사회

계급 이해하기 에릭 올린 라이트 지음 | 문혜림·곽태진 옮김

바이마르 헌법과 정치사상 헤르만 헬러 지음 | 김효전 옮김

아메리칸 히로시마 데이비드 J. 디오니시 지음 | 정성훈 옮김

들어라 미국이여 강문구 옮김

이데올로기와 미국 외교 마이클 H. 헌트 지음 | 권용립·이현휘 옮김
*2010 시사인 올해의 책

추락하는 제국 워런 코헨 지음 | 김기근 옮김

하이재킹 아메리카 수전 조지 지음 | 김용규·이효석 옮김

수전 조지의 Another world 수전 조지 지음 | 정성훈 옮김

팔루자 리포트 빙 웨스트 지음 | 이종삼 옮김

만들어진 점령서사 조정민 지음

르포, 절망의 일본열도 가마타 사토시 지음 | 김승일 옮김

폭력 우에노 나리토시 지음 | 정기문 옮김

우리 옆의 약자 이수현 지음

나는 시의회로 출근한다 김영희 지음

진보와 대화하기 김석준·김외숙·송성준 지음 | 이광수 엮음
*2006 문화관광부 우수학술도서

만화로 보는 노무현 시대 이창우 글·그림

범죄의 재구성 곽명달 지음

절망사회에서 길 찾기 현장 편집부 엮음

차이나 인사이트 김동하 외 지음

글로벌 차이나 이종민 지음

21세기 중국! 소통과 뉴트렌드 공봉진 외 지음

변방이 중심이 되는 동북아 신 네트워크 이창주 지음

여성학 이메일 수업 김선경 지음

이주민과 함께 살아가기 이주노동자와 연대하는 전일본 네트워크 지음 |
이혜진·이한숙 옮김 *2007 한국간행물윤리위원회 청소년도서

미국 대학의 힘 목학수 지음 *한국출판문화산업진흥원 선정 청소년 권장도서
*2014 한국연구재단 우수저서

공학자의 눈으로 본 독일 대학과 문화 목학수 지음

문제는 교육이야 김석준 지음

부산언론사 연구 채백 지음 *2013 대한민국학술원 우수도서
*2013 한국언론학회 학술상

신문화지리지 김은영 외 지음

부산화교의 역사 조세현 지음

부산의 오늘을 묻고 내일을 긷다 장지태 지음

부울경은 하나다 강병중 지음

강수돌 교수의 나부터 마을혁명 강수돌 지음 *2010 환경부 우수환경도서

반송사람들 고창권 지음